zauberpower

Magische Hexentipps

Maria May
zauberpower
magische Hexentipps

Die Deutsche Bibliothek - CIP-Einheitsaufnahme
May, Maria
Zauberpower:
Magische Hexentipps / Maria May. - Köln: vgs, 2001
ISBN 3-8025-1451-3

1. Auflage 2001
© Egmont vgs verlagsgesellschaft, Köln 2001
© des ProSieben-Titel-Logos mit freundlicher Genehmigung der
ProSieben Televisions GmbH

Lektorat: Michael Büsgen
Produktion: Angelika Rekowski
Umschlaggestaltung: so.wie?so!, Köln
Coverbild: Mauritius
Layout und Satz: so.wie?so!, Köln
Druck: Friedrich Pustet, Regensburg
Printed in Germany
ISBN 3-8025-1451-3

Besuchen Sie unsere Homepage:
www.vgs.de

wie du
dıeses вuсh
benutzen solltest

Hallo, liebe junge Hexe!

Ich freue mich sehr, dass du dich für die uralte Kunst des Zauberns und Hexens interessierst, und ich bin sicher, dass du mit Hilfe dieses Buches bald eine gute Hexe werden wirst.

Dafür brauchst du zwar ein wenig Übung, aber wenn du alle Ratschläge beherzigst, wirst du sehr schnell Erfolg haben und sehen, wie gut deine Zauber wirken.

Das Wichtigste ist dabei, dass du dir genügend Zeit nimmst und dieses Buch wirklich Schritt für Schritt durchgehst. Auch wenn du jetzt vielleicht ungeduldig bist und am liebsten gleich mit den sehr wirkungsvollen Zaubern anfangen möchtest, tu es bitte nicht! Alles – auch die Hexenkunst und die Magie – braucht eben seine Zeit.

Um erfolgreich hexen zu können, musst du zuerst einmal wissen, was eine Hexe wirklich ist, was sie tut und was sie für ihre Arbeit benötigt.

Gleich zu Anfang dieses Buches möchte ich dir einige wichtige Dinge erklären. Daher solltest du die folgenden Seiten auch besonders aufmerksam lesen. Es wird dir helfen zu verstehen, was eine Hexe ist, wie sie denkt und handelt.

Und jetzt wünsche ich dir viel Spaß und natürlich großen Erfolg mit den magischen Hexentipps.

Deine Maria May

PS: Wenn du an irgendeiner Stelle des Buches nicht weiter weißt oder Fragen zu bestimmten Zaubern hast, kannst du mich jederzeit unter der E-Mail-Adresse

maria-may@usa.net

erreichen!

I

von
Hexen,
zauberern
und geistern

N Natürlich kennst auch du die alten Geschichten, in denen böse Hexen, gemeine Zauberer und unheimliche Geister ihr Unwesen treiben. Und vielleicht hast du dich schon einmal gefragt, ob es das alles nicht tatsächlich irgendwo in einem versteckten Winkel unserer Welt gibt. Schließlich klingen diese Geschichten doch irgendwie ziemlich echt.

Ganz klar, diese Hexen, Zauberer und Geister sind wirklich nur Märchengestalten. Es wird dich also niemals irgendjemand auf einem fliegenden Besen jagen, niemand kann dich mit einem Zauberstab in eine schleimige Kröte verwandeln und vor alten Geistern, die in verfallenen Häusern herumspuken, brauchst du dich natürlich erst recht nicht zu fürchten.

Aber halt – natürlich gibt es Hexen! Nur sind sie eben nicht die bösen alten Frauen mit einer Warze auf der Nase und dem Raben auf der Schulter. Eine echte Hexe wirst du auf der Straße bestimmt nicht erkennen, denn sie sieht aus wie du und ich. Was sie zu einer Hexe macht, sind eben nicht ihre Kleidung oder Erscheinung, sondern ihre Fähigkeiten. Etwas später werde ich dir mehr dazu erzählen.

woher kommen die märchen von hexen und zauberern?

M Meistens stammen diese unheimlichen Wesen aus Sagen und Märchen, die sich im Laufe der Jahrhunderte so verändert haben, dass aus einem ganz harmlosen Kräuterweiblein schließlich eine böse Hexe wurde.

Besonders gerne hat man solche Geschichten dann Kindern erzählt (dummerweise tut man das auch heute noch) um ihnen Angst zu machen. Je älter eine solche Geschichte wurde, desto böser wurden auch die magischen Wesen, die darin vorkamen. Und dann gibt es natürlich noch die Geschichten, die tatsächlich passiert sind, die aber schon vor langer Zeit jemand so falsch erzählt hat, dass wir heute gar nicht mehr wissen, wie sich die tatsächliche Geschichte zugetragen hat.

Eine solche ist die von Hänsel und Gretel. Ich bin sicher, die wahre Geschichte war dir bisher nicht bekannt.

Hänsel und Gretel und wie aus einer fleißigen Frau eine böse Hexe wurde

In Nürnberg lebte um das Jahr vierzehnhundert eine hübsche junge Frau, deren Namen wir leider nicht kennen. Sie hatte weder Mann noch Kinder, und das kam den Menschen zu dieser Zeit schon ziemlich merkwürdig vor, denn damals heiratete man bereits mit 15 oder 16 Jahren. Noch seltsamer fanden die Menschen aber etwas anderes: Die junge Frau arbeitete. Das klingt

für uns heute ganz normal, im fünfzehnten Jahrhundert war es aber sehr außergewöhnlich, dass Frauen einer Arbeit nachgingen und noch dazu ihr eigenes Geld verdienten.

Die junge Frau arbeitete als Pasteten- und Lebkuchenbäckerin und damit war sie ziemlich erfolgreich, besonders deshalb, weil sie immer wieder ganz neue und sehr raffinierte Rezepte entwickelte. Lebkuchen waren damals etwas ganz anderes als unsere Weihnachtslebkuchen heute. Man nannte sie auch „Gewürzbrot" und die vielen verschiedenen Kräuter und Gewürze darin hatten bei manchen Krankheiten sogar eine heilende Wirkung. Pfeffer und Kardamom sind zum Beispiel zwei dieser Gewürze. Meistens wurden sie aus Indien importiert und waren daher äußerst selten und besonders wertvoll. Weil die Lebkuchen also etwas wirklich Besonderes und ziemlich Teures waren, wurden die Rezepte auch streng geheim gehalten. Man kann sich vorstellen, dass bald eine Menge Leute neidisch auf die junge Frau wurden, die mit ihrem Leben so gar nicht in diese Zeit passte.

Besonders missgünstig waren natürlich die anderen Lebkuchenbäcker, deren Lebkuchen weniger wirkungsvoll bei Krankheiten waren und die folglich nicht so viel Erfolg hatten. Und so dauerte es nicht lange, bis die ersten Gerüchte auftauchten, die junge Frau sei in Wirklichkeit eine Hexe. Sie würde ihre Rezepte direkt vom Teufel bekommen und ihre Lebkuchen und Pasteten mit ihm gemeinsam backen.

Sicher, über so einen Unsinn lachen wir heute, aber solche Anschuldigungen waren im späten Mittelalter eine gefährliche Sache, schließlich wurden fast täglich Frauen auf dem Scheiterhaufen verbrannt. Die junge Frau beschloss also, die Stadt besser erst einmal zu verlassen. Einige Tagesreisen von Nürnberg entfernt, kaufte sie sich ein verlassenes Haus, das herrlich

ruhig mitten in dem damals noch riesigen und undurchdring-
lichen Wald lag. Dort konnte sie mehrere Monate im Jahr ihre
Lebkuchen backen und war völlig ungestört von den neidischen
und abergläubischen Stadtbewohnern. Einmal im Jahr zog sie
nach Nürnberg und verkaufte dort ihre Lebkuchen, die immer
reißenden Absatz fanden.

Und genau jetzt tauchten „Hänsel" und „Gretel" auf. Sie waren
keine armen kleinen Kinder, sondern ein junges Paar, das sein
Geld ebenfalls mit Lebkuchen und Pasteten verdiente. Weil niemand mehr weiß, wie die beiden tatsächlich hießen, gaben die
Märchenerzähler ihnen einfach zwei alte deutsche Namen,
nämlich Hans und Grete. Daraus wurden dann im Laufe der Zeit
Hänsel und Gretel, was sich ja auch viel eher nach harmlosen
kleinen Kindern anhört.

Die beiden hatten mit ihren Lebkuchen viel weniger Erfolg als
die junge Frau und beäugten sie deshalb recht misstrauisch.
Irgendwann beschlossen sie, die geheimen Rezepte einfach zu
stehlen, und warteten nur noch auf den richtigen Augenblick.
Der kam, als die junge Frau ihre Lebkuchen verkauft hatte und
sich wie jedes Jahr auf den Weg zu ihrem Haus im Wald machte.
Das hinterhältige Pärchen verfolgte die junge Frau. Dann forder-
ten sie die Rezepte, die ihnen die junge Frau natürlich nicht
geben wollte. Und jetzt wird es wirklich schlimm, denn die beiden folterten und quälten die junge Frau so lange, bis sie ihre
Geheimnisse schließlich preisgab. Jetzt hatten sie also die Rezepte für die wundervoll heilsamen Lebkuchen, doch die junge
Frau drohte ihnen, sie anzuzeigen, wenn sie in die Stadt zurück-
käme. Weil die beiden Rezeptdiebe Angst vor der Strafe hatten,
brachten sie die junge Frau um und verbrannten ihre Leiche in
einem der Lebkuchenbacköfen.

Danach zogen sie wieder nach Nürnberg und fingen an, ihre Lebkuchen nach den Rezepten der jungen Frau zu backen. Und nun passierte etwas sehr Seltsames. Die Lebkuchen sahen zwar sehr lecker aus und dufteten auch vorzüglich, sie schmeckten aber wirklich grässlich und die meisten Leute, die sie aßen, wurden ziemlich krank, manche starben sogar. Jetzt waren es die beiden Lebkuchenbäcker, von denen die Menschen glaubten, sie wären eine Hexe und ein Zauberer, und kurz darauf wurden beide verhaftet. Was sie der jungen Frau angetan hatten, geschah jetzt mit ihnen selber, sie wurden so lange gefoltert, bis sie ihr schreckliches Geheimnis verrieten und den Mord gestanden. Natürlich gab es nur eine Strafe für die beiden, sie wurden auf dem Scheiterhaufen verbrannt!

Fast 500 Jahre später, zu Beginn des letzten Jahrhunderts, machte sich ein junger Forscher auf die Suche nach der Wahrheit und fand nicht nur viele alte Gerichtsakten aus dieser Zeit, sondern auch den Ort, an dem das „Hexenhaus" gestanden hatte. Bei Ausgrabungen stieß er auf drei alte steinerne Backöfen. In einem dieser Öfen lag das halb verbrannte Skelett einer jungen Frau aus dem späten Mittelalter.

Die Reste des „Hexenhauses" und der Ofen existieren schon lange nicht mehr. An ihrer Stelle kommen aber jeden Tag viele tausend Menschen vorüber, ohne auch nur zu ahnen, was sich dort vor mehr als 500 Jahren abgespielt hat.
Der Wald steht noch heute, auch wenn er längst nicht mehr so dicht und undurchdringlich ist wie damals. Mitten durch diesen Wald führt die Autobahn von Nürnberg nach München und der Platz, an dem die junge Frau wegen ihrer Lebkuchen so schrecklich sterben musste, ist die Raststätte Greding.

An der Geschichte von Hänsel und Gretel kannst du sehen, wie sehr Vorfälle aus der Vergangenheit verändert werden und dass das meiste daran fast immer frei erfunden ist.

Besonders wenn es um Hexen, Zauberer und Geister geht, steckt nämlich häufig eine ganz andere Geschichte dahinter. Und so vermischen sich im Laufe vieler Jahrhunderte alter Aberglaube und die Ideen der Märchenerzähler mit der tatsächlichen Geschichte.

was ist denn nun
eine Hexe?

D Der Begriff Hexe ist ein uraltes Wort, das wahrscheinlich aus dem Germanischen kommt und mit Zauberei und irgendwelchen Tricks gar nichts zu tun hat. Als Hexen wurden nämlich Frauen bezeichnet, die sehr viele Zusammenhänge des menschlichen Lebens und der Natur kannten und verstanden. Sie wussten zum Beispiel, dass man bestimmte Kräuter als Heilmittel einsetzen konnte, wo man diese Kräuter finden konnte und wie man sie zuzubereiten hatte. Hexen kannten sich auch in der Astronomie und Astrologie sehr gut aus, sie waren in der Lage, Horoskope zu erstellen und am Stand der Sterne die Jahreszeiten zu berechnen.

Eine besonders wichtige Fähigkeit der Hexen war aber ihr Wissen über die menschlichen Gefühle, also unsere Psyche. Weil sie verstanden, wie sich Gefühle wie Liebe, Hass, Enttäuschung oder Trauer entwickeln, konnten sie vielen Menschen helfen. Ein

Trank aus einem beruhigenden Kraut gebraut, sowie ein langes Gespräch mit der Hexe, und schon konnten die Menschen etwa mit ihrem Liebeskummer besser fertig werden.

Genau genommen waren Hexen also sehr gebildete Frauen, eine Art Heilpraktikerinnen und Beraterinnen in vielen Lebenslagen. Weshalb „Hexe" dann schließlich zu etwas Negativem und fast schon zu einem Schimpfwort wurde, hat mehrere Gründe. Der wichtigste Grund ist sicher der, dass die Menschen in dieser Zeit sehr abergläubisch waren und sich selbst so einfache und natürliche Dinge wie etwa Blitz und Donner nicht erklären konnten. Wenn es ein Unwetter gab, das die Ernte vernichtete, glaubten die Menschen eben meist an einen bösen Fluch oder Zauberei.

Ein kleines Beispiel, wie es sich bestimmt viele Male ereignet haben wird: Jemand bekommt nach dem Essen plötzlich schlimme Bauchschmerzen und bittet eine Hexe um Hilfe. Die Hexe sieht sich erst einmal an, was ihr Patient überhaupt gegessen hat. Auf dem Teller findet sie ein Stück Fleisch, das nicht nur wirklich eklig aussieht, sondern auch schon ziemlich vergammelt ist. Heute würde niemand mehr ein Schnitzel essen, das schon ein paar Tage in der Sonne gelegen hat, damals war das aber etwas anderes, denn es gab keine Kühlschränke und meistens noch nicht mal einen kühlen Kellerraum, um verderbliche Speisen zu lagern.
Der Hexe ist schnell klar, dass sich der Patient mit dem halb verfaulten Fleisch den Magen verdorben hat, und gibt ihm eine Brühe mit verdauungsfördernden Gewürzen wie etwa Petersilie und Kümmel. Dazu muss er einen Brei aus rohem Knoblauch essen. Im Gegensatz zu ihrem Patienten weiß die Hexe nämlich,

dass Knoblauch unter anderem auch stark desinfizierend wirkt.
Nach ein paar Tagen geht es dem Patienten besser und er be-
zahlt die Hexe dankbar, meistens übrigens nicht mit Geld, sondern mit Lebensmitteln.
Dieser Fall ist für unsere Hexe gut gelaufen – es kann aber ganz
schnell auch anders ausgehen.

Wenn der Patient zum Beispiel einen entzündeten Blinddarm
hat, können ihre Gewürze und Kräuter natürlich nicht wirken.
Der Patient bekommt immer schlimmere Schmerzen und stirbt
vielleicht sogar an der Erkrankung, trotz der Behandlung der
Hexe (Blinddarmentzündungen sind heute keine große Geschichte mehr, im Mittelalter starben aber sehr viele Menschen
daran). Und plötzlich sieht sich die Hexe, die doch nur helfen
wollte, von trauernden Angehörigen umgeben, die ihr wegen
der Behandlung Vorwürfe machen und ihr vielleicht sogar die
Schuld am Tod des Patienten geben.

Gründe, warum diese Hexe eine „böse" Hexe sein könnte, finden
sich dann schnell. Möglicherweise hat sie rote Haare oder sie
kann lesen und schreiben (was Frauen zu dieser Zeit in manchen Ländern streng verboten war!), oder vielleicht beherrscht
sie sogar die lateinische Sprache, die eigentlich nur Priestern
vorbehalten ist. Und plötzlich fällt dem hässlichen Nachbarn
ein, dass sie ihn verzaubert hat und er nur deshalb keine Frau
findet, und der faule Bäcker weiß jetzt auf einmal, wieso sein
Brot immer so schlecht schmeckt, dass es niemand kaufen will.

Nach ein paar Stunden ist das halbe Dorf auf den Beinen und jeder hat plötzlich einen guten Grund, weshalb die Hexe an dem einen oder anderen Missgeschick schuld ist. Vergessen sind all die guten Behandlungen und Heilungen von Krankheiten. Die Hexe ist böse und muss sterben!

Wenn du an die Geschichte von Hänsel und Gretel zurück-denkst, verstehst du jetzt besser, weshalb die junge Frau es so schwer hatte. Natürlich konnte sie niemanden verzaubern oder auf einem Besen durch die Nacht fliegen. Sie wusste lediglich, dass bestimmte Kräuter und Gewürze vorbeugende und heilen-de Wirkung haben, und verwendete sie deshalb in ihren Lebku-chen. Auch wenn diese junge Frau bestimmt keine „böse Hexe" war, hat sie sich zum Schluss vielleicht doch noch gerächt, be-vor das böse Pärchen Hans und Grete sie umbrachten. Niemand weiß nämlich, weshalb plötzlich so viele Menschen krank wur-den, nachdem sie die Lebkuchen des bösen Pärchens gegessen hatten. Vielleicht hatte die junge Frau in ihrer Angst einfach falsche Rezepte angegeben und die Mixtur der verschiedenen Kräuter war dann eben nicht mehr heilsam, sondern sehr ge-fährlich.
Vielleicht ahnte sie aber auch, dass die beiden sie töten würden, und hat ihnen deshalb absichtlich Rezepte gegeben, deren In-halt sie schließlich selbst auf den Scheiterhaufen bringen würde.

weshalb
gab es Hexenverbrennungen?

I Im vierzehnten Jahrhundert wurden Hexen grausam verfolgt. Dies war die Zeit der großen Hexenprozesse der Inquisition. Heute weiß niemand mehr, wieviele Frauen damals auf den Scheiterhaufen verbrannt wurden, manche Forscher meinen aber, dass es Hunderttausende gewesen sind.

Doch wie konnte es geschehen, dass so viele unschuldige Menschen auf so schreckliche Art und Weise sterben mussten? Auch dafür gibt es viele verschiedene Gründe. Häufig war es aber einfach Neid oder auch eine verschmähte Liebe, weshalb Menschen diese Frauen als Hexe bezeichneten und damit ihr Todesurteil unterschrieben. Eine dunkle Rolle bei den Hexenprozessen und -verbrennungen spielte leider auch die Kirche. Zu jener Zeit waren viele Menschen in Deutschland und Europa noch keine Christen, und die Kirche bemühte sich sehr, die neue Religion zu verbreiten. Weil es in dieser Religion aber eben keinen Platz für Hexen gab und natürlich auch die Priester und Päpste furchtbar abergläubisch waren, wurden die weisen Frauen zu Feinden abgestempelt. Alles, was sie taten, sei Teufelswerk, sagten die Priester und schärften den Menschen ein, alle verdächtigen Personen sofort der Kirche zu melden.

In den schlimmsten Zeiten der Hexenprozesse genügte schon ein klitzekleiner Verdacht, ein kleines Gerücht und schon landete eine unschuldige Frau auf dem Scheiterhaufen.

Es war also mehr als einfach die nervige Nachbarin loszuwerden oder sich an jemandem zu rächen. Und genau das taten die Menschen. Sie beschuldigten Frauen – auch solche, die keine Hexen waren! – und gaben ihnen die Schuld an Krankheiten, einem schlecht gelaufenen Geschäft oder einer verhagelten Ernte.

Die Verfolgung der Hexen dauerte viele hundert Jahre lang –
sogar um 1730 gab es in Deutschland noch eine Hexenver-
brennung.

Und so wurden aus den weisen, hilfsbereiten und völlig friedli-
chen Frauen zum Schluss die bösen Hexen, die auf Besen durch
die Nacht ritten, um mit dem Teufel Hochzeit zu feiern.

wieso
können Hexen fliegen?

(N) Natürlich können Hexen genauso wenig fliegen wie
Nicht-Hexen, woher kommt denn aber diese komische
Geschichte vom fliegenden Besen? Die „Besen-Geschichte" hat
einen eigentlich ziemlich einfachen Hintergrund, der mit dem
Kräuterwissen der Hexen zu tun hat. Eine gut ausgebildete Hexe
wusste, wie man Tränke und Tees braut, mit denen man fast alle
täglichen Beschwerden oder Krankheiten heilen oder zumindest
ein bisschen lindern konnte. Dafür benutzte die Hexe eine Reihe
bestimmter Kräuter und Pflanzen. Sie wusste aber auch, dass es
„schädliche" Pflanzen gab, die nicht unbedingt zum Heilen von
Krankheiten taugten. Solche Pflanzen benutzte die Hexe nur in
sehr schwierigen Fällen, also zum Beispiel, wenn jemand nach
einer langen Krankheit einen sehr tiefen Schlaf brauchte. Genau
wie unsere heutigen Medikamente, so hatten auch diese Pflanzen Nebenwirkungen, die manchmal nicht ganz ungefährlich
waren.

Sie konnten zum Beispiel Halluzinationen oder fieberartige Träume hervorrufen, in denen die Menschen glaubten, fliegen zu können, oder eben dachten, sie hätten die Hexe fliegen sehen. Wenn solche Mixturen in die falschen Hände kamen, konnten sie großen Schaden anrichten. Wer in diese Geheimnisse nicht eingeweiht war, konnte sich diese Wirkung gar nicht erklären und hielt sie deshalb für böse Zauberei.

gibt's das denn:
gute Hexen – böse Hexen?

(K) Klar – es gibt sie, die guten und die bösen Hexen. Die so genannten bösen Hexen gibt es nur im Märchen und in alten Gruselgeschichten.

Die guten Hexen dagegen gibt es wirklich und mit ein bisschen Übung, wirst du ja vielleicht selbst bald eine sein.
Während die bösen Märchen-Hexen in den Geschichten nur Schlechtes vollbringen, geht eine gute Hexe einen ganz anderen Weg. Ihre Aufgabe ist es, sich selbst und anderen Menschen zu helfen. Sie versucht die Naturkräfte zu verstehen und zu nutzen und weiß, wie man die Gaben der Natur einsetzt.
Wenn eine gute Hexe zaubert, so tut sie das mit dem festen Willen, etwas Schönes geschehen zu lassen. Niemals wird sie versuchen, einem anderen Lebewesen zu schaden!

was ist das eigentlich:
weiße Magie und schwarze Magie?

W Wenn du die Begriffe „Weiße Magie" oder „Schwarze Magie" hörst, kannst du dir eigentlich schon denken, um was es dabei geht.

Als weiße Magie wird das bezeichnet, was eine gute und weise Hexe tut – heilsamen Zauber auszuführen. Aber genau so, wie es gute und schlechte Menschen gibt, gibt es auch gute und schlechte Hexen. Die schlechten Hexen versuchen anderen Menschen zu schaden, was ihnen aber zum Glück nur sehr selten gelingt. Sie vergessen dabei nämlich eine alte, aber sehr wahre Weisheit, die sagt „Alles, was du tust, kommt zu dir zurück". Tut eine Hexe Gutes, kommt dieses Gute auch früher oder später zu ihr zurück. Tut sie Schlechtes, verhält es sich genauso.

Als gute, also als weiße Hexe musst du vor schwarzen Hexen keine Angst haben. Sie können dir nichts anhaben, so lange du selbst weißt, dass du Gutes tust. Auch hier hilft dir die weiße Magie weiter, sie schützt das Gute und bewahrt es vor dem Einfluss der schwarzen Magie.

Vielleicht wird ja einmal eine schwarze Hexe versuchen, dich auf ihre, also die dunkle Seite der Magie zu bringen. Wenn du das merkst, solltest du ihr sofort klarmachen, dass du eine weiße Hexe bist und nichts mit schwarzer Magie zu tun haben willst. Denke immer daran, selbst wenn sie dich bedroht, kann sie dir mit ihrer Magie nichts anhaben, so lange du selbst weißt, dass du eine gute Hexe bist.

Tischerücken und pendeln:
ist das zauberei?

B Bestimmt hast du auf einer Party schon einmal Leute gesehen, die sich im „Tischerücken" versuchten. Dabei läuft ein kleiner Papptisch, manchmal auch ein Glas, scheinbar von alleine über ein Feld und zeigt auf Buchstaben am Rande dieses Feldes. Setzt man die Buchstaben zusammen, ergeben sich einzelne Wörter oder gar Sätze, der Tisch kann also scheinbar Mitteilungen von sich geben. Du ahnst natürlich, was dahinter steckt. Stimmt genau: Auch wenn alle Beteiligten hoch und heilig schwören, dass sie das Tischchen nicht geschubst hätten, haben sie's in Wirklichkeit natürlich doch gemacht. Tische- oder Gläserrücken hat also weder etwas mit Magie noch mit Zauberei zu tun, es ist einfach ein Partyspaß ohne weitere Bedeutung.

Ein bisschen anders ist das beim Pendeln. Zwar ist auch beim Pendeln keine Zauberei im Spiel, trotzdem ist der Prozess als solcher aber ein sehr interessanter. Für dich als Hexe, die ja versuchen sollte, die menschlichen Gefühle besser zu verstehen, ist das Pendel sogar eine sehr nützliche Sache, die dir viel über andere Menschen verraten kann. Du musst dabei nur auf die Reaktionen des Pendels achten, wenn es in den Händen von ganz unterschiedlichen Menschen liegt.

Ich will dir das einmal an einem Beispiel zeigen: Stell dir vor, du sitzt mit zwei Freundinnen über einem Foto des Jungen, in den eine deiner Freundinnen furchtbar verliebt ist. Jetzt möchtet ihr mit dem Pendel herausbekommen, ob der Junge sie auch liebt.

von hexen, zauberern und geistern

Dazu legt ihr erst einmal fest, welche Reaktion des Pendels welche Antwort bedeuten soll. Dreht es sich im Uhrzeigersinn, heißt das „Ja", dreht es sich gegen den Uhrzeigersinn, bedeutet das „Nein". Und bewegt sich das Pendel von vorne nach hinten, soll das „Vielleicht" bedeuten.

Die verliebte Freundin beginnt, und was sagt wohl das Pendel? Natürlich bewegt es sich im Uhrzeigersinn, was „Ja" bedeutet. Jetzt probiert es die zweite Freundin und siehe da, das Pendel bewegt sich in die andere Richtung, was „Nein" bedeutet. Versuchst du selbst schließlich eine Antwort zu bekommen, könnte diese zum Beispiel „Vielleicht" sein.

Woran liegt es aber, dass das Pendel drei ganz unterschiedliche Dinge sagt? Die Antwort ist ganz einfach: Weil ihr auch drei unterschiedliche Menschen seid. Das Pendel macht seine Bewegungen nämlich nicht von alleine, sondern wird eigentlich vom Unterbewusstsein gesteuert. Wenn also nicht jemand schummelt, dann zeigt das Pendel immer das an, was der Mensch in seinem Unterbewusstsein denkt oder was er sich wünscht.

Die verliebte Freundin wünscht sich natürlich, dass der Junge sie liebt, deshalb zeigt das Pendel „Ja". Die zweite Freundin stellt sich vielleicht vor, was passiert, wenn die beiden wirklich zusammenkommen. Dann hätte ihre Freundin viel weniger Zeit für sie und das will sie ja nicht, das Pendel zeigt also „Nein".

Du siehst also, wenn du dir die Reaktionen des Pendels bei den verschiedenen Menschen ansiehst, kannst du eine Menge über sie erfahren.

Hexen-
werkzeug
und -zubehör

A Auch eine gut ausgebildete Hexe kann ohne das richtige Werkzeug nicht wirklich zaubern. Welche Werkzeuge du genau brauchst, hängt immer von dem Zauber ab, den du einsetzen möchtest. Je mehr verschiedene Zauber du verwendest, desto mehr unterschiedliche Werkzeuge benötigst du natürlich auch. Aber keine Angst, du musst weder viel Geld ausgeben, noch brauchst du Dinge, die nur sehr schwer zu besorgen sind.

Eine kleine Ausnahme gibt es da allerdings. Für alle Zauber, bei denen es um Menschen geht, brauchst du auch immer ein sehr spezielles Werkzeug. Diese Zauber sind aber ohnehin schwieriger, weshalb ich sie dir auch erst an späterer Stelle zeigen werde, wichtig sind zunächst – wie bei fast allem – die Grundlagen.

Das ist wirklich wichtig:
die richtige Atmosphäre

I In alten Darstellungen siehst du Hexen häufig in verfallenen Gemäuern oder dunklen Höhlen, die von knisternden Fackeln beleuchtet werden. Eine Hexenküche oder -werkstatt sieht auf solchen Bildern eigentlich immer geheimnisvoll und gefährlich aus. Aber mittlerweile weißt du ja, dass solche Darstellungen Unsinn sind, eben genauso wie die Geschichten von der „bösen Hexe".

Deine Hexenwerkstatt muss also nicht an einem versteckten und unheimlichen Ort liegen – das Gegenteil ist sogar viel besser. Da du als Hexe ja nichts Verbotenes oder Schlechtes tust, musst du auch weder dich noch das, was du tust, verstecken.

Der beste Platz für deine Hexenwerkstatt ist ein freundlicher und heller Ort, also ein Platz, an dem niemand vor irgend etwas Angst haben muss. Hier kannst du deinen Altar aufstellen, den du eigentlich für jeden Zauber benötigst. Was es mit dem Altar auf sich hat, erkläre ich dir übrigens gleich noch genauer.
Ideal ist es, wenn du dich an diesem Ort auch sonst, also ohne zu zaubern, gerne aufhältst. Je mehr dir dieser Ort gefällt, desto besser werden auch deine Zauber gelingen. Umgekehrt wirken die Zauber sehr schlecht oder überhaupt nicht, wenn du sie an einem dir unheimlichen Ort ausführst!

Hast du einen Ort gefunden, an dem du dich wirklich wohl fühlst – das kann übrigens ganz einfach dein eigenes Zimmer sein –, solltest du dafür sorgen, dass es ruhig ist, bevor du einen Zauber beginnst. Deine Zauber können nur dann wirken, wenn

du dich dabei auch wirklich auf das konzentrierst, was du gerade tust. Aus diesem Grund sollte während des Zaubers auch niemand deine Werkstatt betreten oder verlassen! Wenn du gemeinsam mit Freunden oder Freundinnen zauberst, gilt das Ruhegebot auch für sie.

Wenn du möchtest, kannst du sehr leise Musik im Hintergrund laufen lassen. Welche Musik du dabei verwendest, ist eigentlich egal – am besten wählst du aber deinen Lieblingssong oder deine absolute Lieblings-CD. Je besser dir die Musik gefällt, desto besser kannst du dich entspannen und auf den Zauber konzentrieren.

Und jetzt eine sehr wichtige Sache: Für sehr viele Zauber brauchst du Kerzen, also Feuer. Jede Hexe weiß, dass Feuer etwas sehr Mächtiges, aber auch etwas sehr Gefährliches ist. Deshalb wird eine Hexe mit Feuer auch immer sehr, sehr vorsichtig umgehen. Wenn du Kerzen benutzt, dann steck sie bitte immer in einen Kerzenleuchter und stelle sie niemals auf den Boden oder einfach auf den Tisch! Achte darauf, dass sich nichts Brennbares in der Nähe der Kerze befindet, und halte mit deinem Gesicht, deinen Haaren und Händen immer genügend Abstand zu den Flammen. Zum Schluss musst du noch darauf achten, dass deine Kerzen ruhig brennen und nicht in der Zugluft an einem Fenster oder einer Türe stehen. Die Kerzenflamme symbolisiert nämlich den Zauber und deine Konzentration. Eine unruhig flackernde Kerze wäre also ein schlechtes Werkzeug.

... und die richtigen
Gedanken

H Hast du deine Hexenwerkstatt gefunden, kommt es eigentlich nur noch auf eines an: Die richtigen Gedanken. Es handelt sich dabei eher um Gefühle oder Stimmungen. Versuche dich also vor Beginn eines Zaubers erst einmal zu entspannen, dabei kann dir die Musik im Hintergrund helfen. Denke nicht daran, dass du gleich einen Zauber durchführen willst, versuche einfach an etwas Schönes zu denken. Das kann zum Beispiel ein besonders angenehmes Erlebnis sein, das du hattest und an das du dich immer wieder gerne erinnerst. Versuche diesen Gedanken weiter zu verfolgen, ohne an etwas ganz Bestimmtes zu denken, stell dir einfach nur das schöne Gefühl vor, als du dieses Erlebnis hattest. Erst wenn du dich wirklich frei und entspannt fühlst, kannst du deine Gedanken ganz langsam und vorsichtig auf den Zauber richten – erst jetzt bist du bereit, mit deinem Zauber zu beginnen.

was sind „falsche"
Gedanken?

(M) Mit den richtigen Gedanken kannst du deinen Zauber also wirkungsvoller machen. Mit den „falschen" Gedanken passiert genau das Gegenteil, dein Zauber wird nicht richtig funktionieren oder sogar ganz erfolglos sein.

Du darfst dir nie mit aller Macht wünschen, dass dein Zauber unbedingt funktionieren muss. Genauso falsch wäre es, wenn du anfängst an dir selbst zu zweifeln und denkst „Hoffentlich mach ich auch bloß alles richtig" oder „Ich bin total nervös, das klappt bestimmt nicht!"
Natürlich soll dein Zauber gelingen. Du darfst nur eben nicht mit aller Macht daran denken. Je mehr du willst, dass der Zauber wirkt, desto weniger wird er das tun.

Du darfst niemals versuchen, mit einem Zauber etwas erzwingen zu wollen – wenn du es dennoch tust, wird der Zauber nicht funktionieren! Das Schlimmste, was du tun könntest, wäre einen Zauber zu beginnen, wenn du enttäuscht oder auf jemanden wütend bist. Wahrscheinlich hättest du genau dann große Lust, diesen Menschen mit einem Zauber zu ärgern oder ihm sogar Schaden zuzufügen. Genau das darfst du aber nicht tun, ein Schadenszauber fällt nämlich immer auf dich zurück! Im Kapitel über die weiße und die schwarze Magie habe ich das ja schon erklärt.
Wenn du also wirklich schlechte Laune hast – vielleicht weil der Junge, in den du verliebt bist, dich schlecht behandelt hat –, dann zaubere lieber nicht. Warte besser einen Tag lang, bis sich dein Ärger und deine Enttäuschung wieder etwas beruhigt haben, und zaubere erst dann.

Das zauberbuch

D Das Zauberbuch ist ein Hexenwerkzeug, das du zwar nicht unbedingt brauchst, das aber sehr nützlich sein kann. Hier notierst du dir deine Rezepte und Zaubersprüche und hältst fest, wie gut die Wirkung war. Wie schon gesagt – du wirst etwas Übung brauchen, bis deine Zauber richtig wirken, und mit dem Zauberbuch kannst du deine Fortschritte gut mitverfolgen.

Der Altar

D Der Mittelpunkt deiner Hexenwerkstatt ist immer ein Altar, an dem du deine Zauber ausführst. Er ist sehr wichtig, denn er ist ja der Ort, an dem sich alle verschiedenen Schritte deines Zaubers auf einen Punkt konzentrieren.

Natürlich muss dein Altar nicht wie ein Kirchenaltar aussehen. Das Wort „Altar" bedeutet auch nicht, dass dort etwa Kreuze stehen müssen. Als Altar wird nämlich schon seit Jahrtausenden ein erhöhter Platz, also zum Beispiel ein großer Stein, bezeichnet, auf dem Opfergaben dargebracht oder auch verbrannt werden. Als Altar kannst du alles Mögliche benutzen, also etwa einen kleinen Tisch, eine Kiste oder sogar einen leeren Umzugskarton. Du musst allerdings darauf achten, dass dein Altar wirklich stabil ist, fest auf dem Boden steht und nicht wackelt, wenn du beispielsweise Kerzen darauf stellst!

Zum Schluss schmückst du den Altar nach deinem persönlichen Geschmack. Denn was du dafür verwendest, entscheidest nur du selber – am besten nimmst du aber Gegenstände, die du besonders gerne magst. Das könnten zum Beispiel ein paar schöne Steine oder Muscheln sein, die du am Strand gefunden hast. Wenn du willst, kannst du aber auch Blumen oder Blütenblätter benutzen – oder einfach alles zusammen.
Denke dabei immer an Eines: Es ist nicht wichtig, ob der Altar anderen Menschen gefällt, er muss nur dir allein gefallen. Und das schaffst du eben am besten, wenn du ihn mit Dingen schmückst, an denen dein Herz hängt.
Möchtest du die Wirkung eines Zaubers noch verstärken, kannst du übrigens auch bestimmte Kräuter oder magische Steine auf den Altar legen. In den Kapiteln 4 und 5 zeige ich dir, welche Kräuter und Steine welche Wirkungen haben.

Kerzen

D Die wichtigsten Hexenwerkzeuge sind Kerzen. Das Feuer der Kerzenflamme ist ein mächtiges Werkzeug, das dir bei der Konzentration auf deinen Zauber hilft. Deshalb musst du auch unbedingt darauf achten, dass deine Kerzen wirklich ganz ruhig brennen und nicht flackern.

Wie groß oder klein deine Kerzen sind, spielt keine Rolle – sehr wichtig sind aber die Farben. Jede Kerzenfarbe steht nämlich als Symbol für bestimmte Eigenschaften und Zustände.

In der Übersicht zeige ich dir, welche Kerzenfarbe welche Bedeutung hat:

Rot   Steht natürlich für Liebe und die Beziehung zu einem anderen Menschen. Sie bedeutet aber auch Mut, Energie und Tapferkeit.

Rosa   Verstärkt deine Anziehungskraft auf andere Menschen.

Gelb   Gelb steht für das Lebensglück und die Zufriedenheit.

Blau   Die Farbe Blau symbolisiert hauptsächlich den Erfolg und die Gesundheit. Sie tröstet aber auch nach großen Enttäuschungen und hilft, schnell wieder „auf die Beine" zu kommen.

Grün   Auch Grün bedeutet Erfolg, aber auch Reichtum. Besonders bei Schulproblemen die ideale Farbe!

Orange   Ist nützlich, wenn Freundschaften auf der Kippe stehen, denn sie steht für Vertrauen und Ehrlichkeit.

Lila	Die Farbe Lila bedeutet Kreativität und Einfalls-reichtum – besonders nützlich ist das natürlich in der Schule. Und wenn du unbedingt einen bestimmten Menschen kennen lernen möchtest, wird dir diese Farbe dabei helfen.
Grau	Grau steht für bewahrte Geheimnisse, also Dinge, von denen du nicht möchtest, dass andere Menschen sie erfahren.
Braun	Ist nach einem Streit oder einer Trennung sehr nützlich, denn sie hilft dir, einen Neuanfang zu machen.
Weiß	Weiß steht für den Frieden und die Ruhe und kann dir sehr gut helfen, wenn du ein ungeduldiger Mensch bist.
Gold	Mit Gold kannst du eigene schlechte Gedanken verscheuchen, dich aber auch vor den bösen Absichten anderer Menschen schützen.

Die Farben deiner Kerzen haben aber auch noch eine andere Bedeutung, denn zu jedem Monat des Jahres gehört eine bestimmte Farbe. Am besten verwendest du immer mindestens eine Kerze in der Farbe des aktuellen Monats und eine des Monats, in dem der Zauber wirken soll.

Wenn du deine Kerzen einmal nicht in der richtigen Farbe bekommst, kannst du im Notfall auch eine bestimmte Ersatzfarbe wählen. Welche das ist, siehst du in der Übersicht:

Für diesen Monat ... **brauchst du eine Kerze dieser Farbe** – Und diese Farbe kannst du als Ersatz verwenden

Januar	**rot**	– orange	Februar	**gelb**	– rosa
März	**blau**	– grün	April	**grau**	– blau
Mai	**grün**	– rot	Juni	**rot**	– blau
Juli	**grün**	– rosa	August	**rosa**	– orange
September	**braun**	– grau	Oktober	**rosa**	– gold
November	**gelb**	– grün	Dezember	**rot**	– gold

Die Räucherschale

Ein weiterer sehr wichtiger Bestandteil deiner Hexenküche ist die Räucherschale. Du brauchst sie, um bestimmte Kräuter langsam verkohlen zu lassen, wodurch sie ihre magische Wirkung freisetzen. Würdest du das über einer offenen Flamme, also etwa mit der Kerze, versuchen, wäre das nicht nur recht gefährlich, die Kräuter würden dabei auch verbrennen und ihre Wirkung sofort verlieren. Legst du die Kräuter aber in die Schale, werden sie unter der Kerzenflamme auf dem heißen Metall langsam geröstet und beginnen schnell zu wirken. Räucherschalen bekommst du übrigens in jedem guten Hexenladen für wenig Geld.

Für die Räucherschale musst du natürlich immer getrocknete Kräuter benutzen, denn frische Kräuter würden nicht richtig verkohlen.

ACHTUNG:

Du darfst niemals irgendein Schälchen als Räucherschale benutzen! Viele Schälchen, die du vielleicht im Haushalt deiner Eltern findest, sind überhaupt nicht dafür gedacht, über eine offene Flamme gestellt zu werden. Manche dieser Schälchen sind mit Farben oder einem durchsichtigen Lack bemalt, der sehr giftige Dämpfe entwickelt, wenn er heiß wird! Auch kleine Schüsseln aus Porzellan darfst du nicht verwenden, denn sie halten die Hitze meist nicht aus und zerspringen.

Wenn du keine Räucherschale bekommst, kannst du dir aber auch mit Räucherstäbchen aushelfen. Sie wirken allerdings nicht so gut wie echte Kräuter, denn in den Räucherstäbchen ist meistens nur noch sehr wenig von den echten Kräuterwirkstoffen übrig.

Wenn du keine Räucherschale hast und die Räucherstäbchen nicht magst, kannst du dir aber noch auf eine andere Art helfen, und zwar mit so genannten Duftsteinen. Duftsteine sind aus einem rauen Material und fühlen sich ein bisschen so an wie Ton. Auf sie tropfst du dein selbst gemischtes Öl und stellst den Duftstein dann an eine warme Stelle im Raum. Nach einiger Zeit beginnt das Öl zu verdunsten und setzt seine Wirkung frei. Wie du dir selber Kräuteröle mischst und wie du sie für deine Zauber einsetzen kannst, zeige ich dir übrigens in Kapitel 4. Möchtest du die Öle nicht selber mischen, kannst du natürlich auch fertige Duftöle kaufen. Es gibt unglaublich viele verschiedene Sorten, eine echte Hexe können sie aber eigentlich nicht beeindrucken. Als Hexe solltest du nämlich immer und jederzeit wissen, mit welchen Inhaltsstoffen du arbeitest, bei den fertigen Ölen musst du aber darauf vertrauen, das auch wirklich das darin ist, was auf dem Etikett steht.

Die Hexenkräuter
und -gewürze

Ganz klar, ohne ihre Kräuter wäre eine Hexe eigentlich schon gar keine richtige Hexe mehr, Kräuter kannst du eigentlich für jeden Zauber verwenden und sie auch auf sehr unterschiedliche Weise einsetzen.

Ganz wichtig sind die getrockneten Kräuter, die du in der Räucherschale verwendest.
Du kannst die Kräuter aber auch Ölen beimischen, die du entweder als Badeöl benutzt oder unter einen Salat mixt. Und wenn du zum Beispiel einen Liebeszauber ausführst, kannst du die Kräuter auch essen oder als Tee aufgießen.
Erinnerst du dich an den Anfang des Buches, wo es um die junge Lebkuchenbäckerin im Märchen von Hänsel und Gretel ging? Die junge Frau wusste ganz genau, welche Kräuter ihre Lebkuchen nicht nur schmackhaft, sondern auch sehr wirksam machten. Die Kräuter und Gewürze, die man damals für die Lebkuchen, aber auch in der Hexenküche nutzte, sind dieselben, die du für deine Zauber benötigst.

So weit erst einmal zu den Kräutern und Gewürzen für deine Hexenküche. Alles, was du über die einzelnen Kräuter wissen musst, wo du sie bekommst, wie du sie zuzubereiten hast und schließlich wie sie wirken, verrate ich dir in Kapitel 4.

Das **Amulett**.
und der **Talisman**

A Amulett, Talisman oder Kobold dürfen in keiner Hexenküche fehlen. Dies sind zwar drei recht unterschiedliche
Dinge, eines davon genügt aber bereits, um deine Zauber zu unterstützen oder dich selbst vor schlechten Einflüssen zu schützen.

Das Amulett

Das Amulett ist ein Gegenstand, den du am besten immer bei
dir trägst. Es beschützt dich vor schlechten Einflüssen und hilft
dir, einen klaren Kopf zu behalten. Woraus das Amulett besteht,
bleibt ganz dir überlassen. Es muss allerdings ein Gegenstand
sein, zu dem du eine Verbindung spürst. Das kann zum Beispiel
eine schöne Muschel, eine Glasmurmel oder auch ein kleiner alter Knopf sein, den du auf dem Flohmarkt gefunden hast. Am
besten trägst du dein Amulett an einer Kette oder einem kleinen Lederriemen um den Hals, so ist es immer bei dir.

Der Talisman

Ein Talisman wirkt etwas anders als ein Amulett, er bringt dir nämlich einfach Glück. Wenn du also zum Beispiel eine schwierige Prüfung vor dir hast, solltest du den Talisman schon einige Tage vorher immer bei dir tragen, und natürlich insbesondere während der Prüfung. Ein Talisman kann allerdings nicht für dich zaubern, für die Prüfung lernen musst du leider noch selbst. Er kann dir aber helfen, auf die richtige Idee zu kommen, wenn du eine verzwickte Frage nicht verstehst, oder einfach ganz entspannt zu bleiben, wenn ein Lehrer dich ausfragt. Auch wenn du unbedingt jemanden kennen lernen willst, kann dir der Talisman helfen. Hast du ihn bei dir, fällt es dir viel leichter, die richtigen Worte zu finden, und du bist auch nicht mehr so schüchtern wie sonst.

Genau wie ein Amulett kann ein Talisman alles Mögliche sein, du musst diesen Gegenstand nur wirklich sehr schön finden und ihn gerne berühren. Besonders gut als Talisman eignet sich aber ein kleiner glatter Stein, den du in der Hosentasche bei dir tragen kannst. Wenn du besonders viel Glück brauchst oder vielleicht vor irgend etwas wirklich große Angst hast, nimmst du den Talisman einfach fest in die Hand und bittest ihn in Gedanken um seine Hilfe.

Wenn du als Talisman einen Stein wählen möchtest, dann sieh bitte im Kapitel 5 nach. Dort zeige ich dir, welche Steine du für welchen Zauber brauchst.

Der Altarkobold

Ein Kobold ist in alten Geschichten meistens ein fröhlicher Hausgeist, der zwar allerlei Unsinn anstellt, den Menschen aber normalerweise gerne hilft. Etwas anders ist das mit deinem Altarkobold, denn der ist kein Geist, sondern ein Symbol für die Koboldhilfe.

Dieser Altarkobold lässt sich ganz einfach selber machen, dazu benötigst du lediglich ein bisschen Stoff. Aus diesem nähst du ein kleines Säckchen und füllst es mit frischen oder getrockneten Kräutern. Hast du keine Kräuter zur Hand, kannst du ihn auch mit Stoffresten füllen. Dann verschließt du das Säckchen wieder und bringst dem Kobold bei, was er für dich tun soll.

Je nachdem welche Farbe der Kobold hat, kann er dir dann bei unterschiedlichen Zaubern helfen:

Rosa Der rosa Kobold hilft bei jeder Art von Freundschaftszauber. Wenn du dich mit jemandem gestritten hast, solltest du also diesen Kobold verwenden.

Rot Der rote Kobold hilft dir bei allen Zaubern, die mit Liebe zu tun haben.

Schwarz Ein schwarzer Kobold schützt dich, ähnlich wie ein Amulett, vor schlechten Einflüssen.

Weiß Weiße Kobolde helfen dir bei allem, was mit der Gesundheit zu tun hat. Wenn du also eine Erkältung hattest und schnell wieder gesund werden willst, hilft dir dieser Kobold.

Blau Der blaue Kobold hilft dir bei allen Erfolgszaubern. Mit ihm schaffst du es, deine Ziele zu erreichen.

Gelb Der gelbe Kobold ist ein reiner Glückskobold und hilft dir, wenn du Angst vor etwas Bestimmtem hast.

Braun Dieser Kobold ist eine gute Hilfe, wenn du dich mit jemandem zerstritten hast und diesen Menschen möglichst bald vergessen möchtest.

UND SO LERNT DER KOBOLD, WAS ER TUN SOLL

Jetzt hast du zwar den richtigen Altarkobold für den jeweiligen Zauber, noch ist er aber nur ein kleines Stoffsäckchen. Du musst ihm also erst einmal beibringen, dich beim Zaubern zu unterstützen. Und dies funktioniert mit einem kleinen Ritual, das sehr einfach ist, selbst wenn du noch nie gezaubert hast.

Dazu brauchst du:

> Den verschlossenen Altarkobold
> Eine weiße Kerze
> Eine weiße Tischdecke (du kannst den Kobold bei diesem Ritual übrigens gleich auf den Altar setzen!)
> Ein kleines bisschen Erde (etwa so viel, wie in einen Fingerhut passt)
> Ein Glas Wasser

Und so funktioniert das Ritual:

Zuerst streust du die Erde in das Glas mit dem Wasser und rührst es um. Dann bestreichst du die weiße Kerze mit ein paar Tropfen des Wassers und entzündest sie. Jetzt gibst du einige Tropfen auf den Altarkobold selbst und sprichst dabei dreimal langsam hintereinander den Namen aus, den der Kobold ab jetzt haben soll. Nun musst du etwa 10 Minuten warten, dann erst ist der Kobold bereit dich zu verstehen. Jetzt stellst du dich dem Kobold mit deinem Vornamen vor und sagst ihm dann, was er für dich tun soll.

Nun kannst du die Kerzen löschen und den Kobold in eine Schublade oder einen kleinen Karton legen, wo er mindestens für die nächsten 12 Stunden vor Licht geschützt ist. Danach ist dein Altarkobold einsatzbereit.

Vielleicht wunderst du dich ein wenig, was die einzelnen Schritte bei diesem Ritual zu bedeuten haben. Nun, das ist eigentlich ganz einfach. Kobolde leben normalerweise in Erdlöchern oder auch im Wasser. Mit der Mischung aus Erde und Wasser hast du also eine Verbindung zu seiner natürlichen Heimat geschaffen. Wenn der Kobold seinen Namen und seine Aufgabe bekommen hat, muss er sich erst einmal von diesen Anstrengungen erholen, deshalb gibst du ihm eine Verschnaufpause an einem dunklen Ort, also in der Schublade.

AUCH KOBOLDE KÖNNEN LERNEN!

Was aber, wenn du einen anderen Zauber mit dem Kobold ausführen willst? Keine Sorge, du musst deshalb nicht gleich einen neuen Altarkobold machen, denn dein Kobold kann auch neue Aufgaben lernen.

Dazu musst du nur das Ritual wiederholen und dem Kobold seine neue Aufgabe mitteilen. Eines ist dabei aber sehr wichtig: Du musst deinem Altarkobold bei jeder neuen Aufgabe auch einen neuen Namen geben.

3

magische
zahlen
und symbole

Magische Zahlen und Symbole begegnen dir in so gut wie allen alten Hexengeschichten. Doch ich möchte dich warnen: Die meisten dieser Zeichen und Symbole stammen aus dem Bereich der schwarzen Magie und sind für eine gute Hexe damit uninteressant.

unglückszahlen –
gibt es sie wirklich?

Wieder andere sind einfach nur Unsinn und haben sich trotzdem über die Jahrhunderte gehalten. So ist das etwa mit den so genannten Unglückszahlen. Die bekannteste Unglückszahl ist die 13. Wenn einem heutzutage an einem Freitag, dem Dreizehnten, etwas misslingt, sagt man schnell „Na ja, das ist heute eben ein Unglückstag". In vielen Hotels gib es keinen dreizehnten Stock oder kein Zimmer mit dieser Nummer und auf manchen Bahnhöfen wirst du vergeblich nach einem Bahnsteig mit der Nummer 13 suchen. Doch wie die Zahl 13 zu ihrem schlechten Ruf kam, ist so einfach, dass man es gar nicht glauben möchte.

Die Wurzel der „schlimmen 13" ist uralt und liegt bei den Babyloniern. Dieses Volk war schon vor Jahrtausenden mit der Mathematik vertraut und beherrschte bereits die vier Grundrechenarten. Die Zahl 13 lässt sich durch keine andere Zahl teilen und hat damit eine Sonderstellung. Ganz anders als etwa die 12, die man ja durch 2, 3, 4 und 6 teilen kann. Kurzerhand machten die Babylonier die 13 also zu einer Zahl, die man meiden sollte. Und genau diese Information hat sich bis heute gehalten.

Neben der Zahl 13 gibt es allerdings noch unzählige andere Unglückssymbole, schwarze Katzen oder Krähen sind nur zwei Beispiele dafür.

Wann immer du also von der unheimlichen Bedeutung von bestimmten Symbolen, Zeichen oder Zahlen hörst, kannst du sie getrost gleich wieder vergessen. Das hat nichts mit ernsthafter Hexerei zu tun.

Das bedeutet aber nicht, dass es keine magischen Zahlen gäbe. Schon die Hexen des Mittelalters wussten nämlich, dass Zahlen sehr viel über einen Menschen und manchmal auch über sein Schicksal verraten können.

Das geheimnis
der magischen zahlen

N Natürlich sind Zahlen nicht von sich aus magisch, sie werden es erst, wenn du einen Zusammenhang zwischen ihnen und einem Menschen herstellst. Solltest du dies allerdings machen, dann hast du ein sehr mächtiges Hexenwerkzeug an der Hand, mit dem du Menschen analysieren und einschätzen kannst.

Natürlich weißt du als verantwortungsvolle Hexe, dass du mit solchen Werkzeugen vorsichtig umgehen musst, denn mit deinem Wissen kannst du einen Menschen auch sehr erschrecken. Um mit den magischen Zahlen zu arbeiten, hast du mehrere Möglichkeiten. Stell dir einmal vor, du lernst einen Jungen kennen, der dir wirklich gut gefällt, und du möchtest wissen, ob er zu dir passen würde. Mit den magischen Zahlen kannst du sehr schnell herausfinden, was für ein Mensch dieser Junge ist, das Einzige, was du dafür brauchst, ist sein Geburtstag.

SO VERRÄT DIR DER GEBURTSTAG FAST ALLES!

Nehmen wir doch mal an, der Junge, der dich interessiert, ist am 12. März 1989 geboren. Dieses Datum musst du zunächst in eine reine Zahlenform bringen. Und das würde dann so aussehen:

12.3.1989

Und jetzt beginnt die eigentliche Arbeit, du musst nämlich ein bisschen rechnen. Was du nun tust, ist alle Zahlen des Geburtstags miteinander zu addieren. Das würde also so aussehen:

1+2+3+1+9+8+9

Was dich nun interessiert, ist das Ergebnis, das bei der Rechnung herauskommt. In unserem Beispiel ist das die Zahl

33

Du musst nun die Zahlen des Ergebnisses so lange miteinander addieren, bis eine einstellige Zahl herauskommt. In unserem Beispiel also

3+3 = 6

Und schon hast du die einstellige Zahl, nämlich 6. Genau diese Zahl ist die magische Zahl, die dir so viel über diesen Menschen verrät.

46

Sieh einfach in dieser Übersicht nach, dann weißt du jederzeit, was die magischen Zahlen bedeuten:

Menschen mit der 1

sind sehr unabhängig, manchmal ein wenig aggressiv und werden schnell in einen Streit verwickelt. Sie sind aber auch sehr kreativ und wissen immer, wo es langgeht.

Menschen mit der 2

als magische Zahl sind sehr anpassungsfähig und treu. Sie sind auch sanft, vorsichtig und haben Verständnis für die Wünsche und Sorgen anderer Menschen.

Menschen mit der 3

sind gerne unterwegs und häufig auf Partys zu finden. Sie sind darüber hinaus ziemlich kreativ, reden gerne und finden schnell neue Freunde. Manchmal übertreiben sie aber, wenn sie etwas erzählen, und machen Dinge schnell dramatisch.

Menschen mit der 4

sind fleißig und schaffen fast alles, was sie sich vorgenommen haben. Wenn es mal schwierig wird, haben sie viel Ausdauer und Geduld. Die meisten Menschen mit der 4 als magische Zahl sind übrigens auch handwerklich sehr begabt.

Menschen mit der 5

als magische Zahl sind sehr erfindungsreich und anpassungsfähig. Sie schließen schnell Freundschaften und verreisen gerne,
sie suchen aber auch Spannung und Abenteuer und sind
manchmal ein wenig unzuverlässig.

Menschen mit der 6

sind sehr liebesbedürftig, aber auch sehr einfühlsam. Sie nehmen Rücksicht auf andere Menschen und sie helfen jedem, der
in Not ist. Sie sind sehr zuverlässig und versuchen, niemals einen anderen Menschen zu kränken.

Menschen mit der 7

sind eher ruhig und in sich zurückgezogen. Sie sind sehr zuverlässig und ehrlich, manchmal aber ein bisschen zu schüchtern.

Menschen mit der 8

suchen sehr stark nach Anerkennung und Lob und wollen gerne
im Mittelpunkt stehen. Sie übertreiben manchmal ein bisschen,
sind aber keine Angeber. Wenn man sie besser kennen lernt,
merkt man, dass sie sehr anschmiegsame Menschen sind.

Menschen mit der 9

sind sehr tolerant und liebevoll. Sie sind ehrlich und geduldig
und halten Versprechen. Weil sie sehr gute Zuhörer sind, kommen viele andere Menschen zu ihnen, um nach Rat zu fragen.

Natürlich funktionieren die magischen Zahlen nicht nur mit dem Geburtsdatum eines Menschen! Genauso gut kannst du auch mit den Vor- und dem Nachnamen eines Menschen arbeiten, das ist allerdings ein wenig mehr Arbeit.

Dazu gibst du einfach jedem Buchstaben im Alphabet eine Ziffer. Der Buchstabe A hat also die 1, B die 2, D die 3, E die 4 usw. Wichtig ist dabei, dass ä, ö und ü die gleichen Ziffern haben wie a, o und u.

wichtige
Hexentermine

Etwas ganz anderes sind die Hexentermine, die heute, außer den Hexen selbst, fast niemand mehr kennt. Genau genommen sind es sechs Tage im Jahr, die für Hexen besonders wichtig sind und die früher mit großen Hexenfesten gefeiert wurden.
Für dich sind sie deshalb von Bedeutung, weil du an diesen Tagen deine Zauber besonders wirkungsvoll durchführen kannst.

BELTANE
Beltane kennen die meisten Menschen – aber nur unter Namen wie „Walpurgisnacht", „Raunacht" oder auch „Freinacht". Wie du weißt, wird es in der Nacht vom 30. April auf den 1. Mai gefeiert und ist eigentlich ein Fest der Liebe oder auch ein Hochzeitsfest. Wenn du einen besonders wirkungsvollen Liebeszauber durchführen willst, ist Beltane genau der richtige Zeitpunkt dafür.

DIE SOMMERSONNENWENDE
Die Sommersonnenwende ist der zweite wichtige Hexentermin des Jahres. An diesem 21. Juni ist der längste Tag und die kürzeste Nacht des Jahres. Jeder Zauber, den du ausführst, ist heute besonders wirkungsvoll, das gilt im Besonderen für alle Glücks-, Entspannungs- und Befreiungszauber.

LAMMAS

Der nächste Hexentermin fällt auf den 2. August und ist das Fest des Reichtums. Damit ist aber nicht unbedingt nur der Reichtum im Sinne von Geld gemeint, es kann auch ein Reichtum an Freunden, Glück oder Glauben sein. Wenn du also besonders wirksame Erfolgs-, Freundschafts- oder Glaubenszauber ausführen willst, ist Lammas der richtige Termin dafür.

DIE TAG- UND NACHTGLEICHE

Am 23. September feiern die Hexen die Tag- und Nachtgleiche, die auch als „Herbstäquinoikum" bezeichnet wird. An diesem 21. September sind Tag und Nacht gleich lang und die Hexen feiern eine Art Erntedankfest. Auch hier ist aber nicht direkt die wirkliche Ernte von den Feldern gemeint, sondern alles das, was man in diesem Jahr bisher erreicht hat. Dieser Termin ist ideal für einen Treuezauber, aber auch ein Schutzzauber ist jetzt besonders wirksam.

SAMHAIN

Der fünfte Hexentermin des Jahres findet am 31. Oktober statt und ist eigentlich auch der wichtigste, denn die Hexen feiern hier das Ende des bisherigen und den Beginn des neuen Jahres. Dieser Termin ist deshalb auch besonders wichtig für alle Befreiungszauber.

DIE WINTERSONNENWENDE

Am 21. Dezember ist der Zeitpunkt der längsten Nacht und des kürzesten Tages. Weil danach die Tage wieder länger werden, feiern die Hexen an diesem Tag das Fest des Neubeginns. Wenn du einen Vergessenszauber oder einen Realitätszauber ausführen willst, ist dies der beste Termin dafür.

4

Hexenkräuter und -gewürze von A–Z

Zu deinen wichtigsten Hexenwerkzeugen gehören Kräuter, Gewürze und unterschiedliche Pflanzen. Sie sind wirklich mächtige Werkzeuge, denn mit ihnen kannst du viele Zauber verstärken. Bei der Anwendung der Kräuter musst du allerdings sehr auf die richtige Dosierung achten, denn schon ein bisschen zu viel oder zu wenig eines bestimmten Krautes, und dein Zauber kann unter Umständen nicht mehr funktionieren.

und was kann ich mit
den Kräutern und Gewürzen alles machen?

W Wie schon die Hexen des Mittelalters wussten, lassen sich Kräuter und Gewürze auf ganz unterschiedliche Weise einsetzen. Je nachdem, was du mit einem bestimmten Zauber erreichen willst, verwendest du sie frisch, getrocknet, in einem Öl oder als Pulver. Du kannst sie also – je nach Zauber – auf den Altar legen, einem Tee beigeben oder unter das Essen mischen, in der Räucherschale verbrennen oder auch als Öl auf einen Duftstein tropfen.

Um zu wissen, welches Kraut oder Gewürz du für einen Zauber brauchst, mache folgendes: Zuerst gehst du zum Kapitel 6, dort findest du alle wichtigen Zauber der Reihe nach aufgelistet. Du suchst dir den Zauber, den du ausführen willst, heraus und blätterst zurück zu diesem Kapitel. Hier siehst du, wie die einzelnen Kräuter und Gewürze wirken und auf was du achten musst.

wo bekommt
man die Heilkräuter?

O Ob du es glaubst oder nicht, beinahe sämtliche Kräuter
und Gewürze, die du brauchst, kannst du im Supermarkt
kaufen. Nur wenige Kräuter sind ein bisschen schwieriger zu
bekommen, aber für eine clevere Hexe ist auch das kein Problem. Du findest sie meistens auf Bio-Märkten in deiner Umgebung.
Andere Pflanzen, wie zum Beispiel die Ringelblume, bekommst
du entweder in einer Gärtnerei oder getrocknet in der Apotheke.
Übrigens: Wenn du Pflanzen in einer Apotheke kaufst, dann
nimm immer nur die reine Pflanze und niemals eine Creme oder
Salbe mit Auszügen dieser Pflanze! Wenn eine Apotheke eine
der Pflanzen nicht vorrätig hat, kannst du sie dort aber in der
Regel bestellen.

wirken frische Kräuter und
gewürze genauso gut wie getrocknete?

J Ja und nein. Für manche Zauber brauchst du frische, für
andere Zauber aber getrocknete Kräuter, damit der jeweilige Zauber auch richtig wirkt. Wenn es gar nicht anders
geht, kannst du aber die frischen Kräuter und Gewürze durch
getrocknete ersetzen. Natürlich kann das deinen Zauber unter
Umständen ein wenig abschwächen, als Ausgleich musst du
dann einfach mehr Konzentration aufbringen.

so kannst du deine
Hexenkräuter richtig aufbewahren

(D) Deine Kräuter und Gewürze sind empfindliche Pflanzen, die du richtig aufbewahren musst. Lagerst du sie falsch, können sie leicht verderben und verlieren damit ihre Wirkung.

Aufbewahrung von getrockneten Kräutern

Am leichtesten hast du es mit getrockneten Kräutern und Gewürzen, bei denen du nur darauf achten musst, sie trocken und dunkel zu lagern. Meistens kaufst du sie ja ohnehin in kleinen Dosen, in denen du sie auch weiter aufbewahren kannst. Manche Kräuter bekommt man aber nur in kleinen Plastikbeuteln, die viel zu viel Licht an die Kräuter lassen. Bei solchen Beuteln musst du also ganz besonders darauf achten, dass du sie wirklich immer im Dunkeln aufbewahrst.

Dass deine Kräuter das helle Licht nicht mögen, gilt auch, wenn du ein Hexenöl anmischst. Ist das Öl fertig, musst du es also immer dunkel lagern, sonst verliert es sehr schnell seine Wirkung. Wie du Hexenöle anmischst, zeige ich dir übrigens ab Seite 73.

Aufbewahren von frischen Kräutern

Ein bisschen schwieriger ist das mit den frischen Kräutern und Gewürzen, denn sie sind sehr empfindlich und bleiben nicht besonders lange frisch. Frische Kräuter solltest du immer erst ganz kurz vor einem Zauber kaufen, damit sie ihre Wirkung behalten. Wenn du sie ein wenig länger aufbewahren musst, stellst du sie am besten in ein Glas kaltes Wasser, dort halten sie sich einige Tage länger.

Das sind deine
Hexenkräuter und -gewürze

(A) Auf den folgenden Seiten werde ich dir die wichtigsten Hexenkräuter und -gewürze kurz vorstellen. Zu jedem dieser Kräuter und Gewürze sage ich dir auch, wie sie wirken und für welchen Zauber du sie verwendest.

ANIS
Anis ist wichtig für alle Zauber, die gegen schlechte Gefühle und Angst wirken. Es gibt dir mehr Selbstvertrauen und die Kraft, auch schwierige Probleme zu lösen.
Du kannst Anis als Samen in der Räucherschale verwenden, aber auch als Tee trinken.

BALDRIAN
Baldrian ist eines der ältesten Hexenkräuter überhaupt. Du brauchst es für alle Zauber, mit denen du dich entspannen und nach aufregenden Erlebnissen wieder Ruhe finden möchtest. Baldrian kannst du getrocknet in der Räucherschale verwenden oder als Tee trinken, dann allerdings nie mehr als eine Tasse pro Tag! Wenn du keinen getrockneten Baldrian bekommst, kannst du auch fertigen Baldriantee kaufen und das Kraut einfach aus den Teebeuteln nehmen.

BASILIKUM
Basilikum benötigst du für all jene Zauber, die gegen Angst wirken. Besonders bei Prüfungsangst ist Basilikum sehr wirkungsvoll. Du kannst Basilikum getrocknet in der Räucherschale verwenden oder unter das Essen mischen. Sehr gut passt es übrigens zu Salaten und Suppen. Dosierung: Verwendest du

frisches Basilikum im Essen, so nimm nie mehr als zwei große
Blätter pro Person.

BERGAMOTTE

Die Bergamotte benötigst du ebenfalls für Zauber gegen die
Angst, sie wirkt allerdings etwas stärker als Basilikum. Bergamotte kannst du gut in der Räucherschale verwenden.

BOHNENKRAUT

Auch das Bohnenkraut kannten schon die Hexen im Mittelalter.
Es ist bei allen Zaubern, die Schläue und Intelligenz geben sol-
len, sehr wichtig. Du kannst Bohnenkraut getrocknet in der
Räucherschale verwenden, aber auch unter das Essen mischen –
am besten zu Geflügel. Dosierung: Vom Pulver darfst du nicht
mehr als zwei Messerspitzen für ein ganzes Hähnchen nehmen,
benutzt du frisches Bohnenkraut, nimmst du ein kleines
Sträußchen von etwa 5 bis 10 Halmen.

BRENNNESSELBLÄTTER

Die Brennnessel benötigst du für alle Liebeszauber. Zur Intensi-
vierung solltest du sie gemeinsam mit Rosenblättern benutzen.
Brennnessel findest du häufig am Wegesrand, du musst die einzelnen Blätter vorsichtig – am besten mit einem Handschuh –
abzupfen und in einer Plastiktüte sammeln. Zu Hause legst du
sie auf die Heizung und lässt sie dort drei bis vier Tage trocknen. Dann kannst du sie vorsichtig zerreiben und in der Räucherschale verwenden.

CUMIN

Auch das Cumin kannten schon die Hexen im Mittelalter, es
war damals aber sehr wertvoll, da es über lange Transportwege

direkt aus Indien kam. Es ist wirksam bei Stärkezaubern, mit denen du dir mehr Kraft geben kannst, um schwierige Situationen zu meistern.

Cumin bekommst du am besten in einem Asienladen, und zwar als Pulver oder in Form von Samenkörnern. Es eignet sich für die Räucherschale, lässt sich als Pulver aber auch gut unter die Speisen mischen, dabei musst du aber vorsichtig sein, denn es hat einen sehr intensiven Geschmack.

DILL

Den Dill brauchst du vor allem für Anti-Blockade-Zauber. Er löst Blockaden auf und hilft dir, über den eigenen Schatten zu springen. Damit kannst du dann auch Probleme lösen, die du vorher für zu schwierig gehalten hast. Dill kannst du getrocknet in der Räucherschale verwenden, aber auch frisch unter die Speisen mischen.

ESTRAGON

Estragon ist sehr wichtig für alle Mutzauber. Wenn du dich also wirklich nicht traust, einen bestimmten Jungen anzusprechen, hilft dir Estragon weiter. Am besten verwendest du es getrocknet in der Räucherschale. Wenn du einem anderen Menschen Mut machen möchtest, musst du ihm nach dem Zauber etwas Estragon unter das Essen mischen. Dosierung: Eine Messerspitze für ein normales Gericht.

FENCHEL

Fenchel brauchst du für alle Zauber, die gegen Einsamkeit wirken und Stabilität verleihen. Du kannst getrockneten Fenchel in der Räucherschale verwenden oder ihn frisch unter die Speisen mischen. Wenn du keinen getrockneten Fenchel bekommst,

kannst du auch Fencheltee kaufen und den Inhalt eines Teebeutels in der Räucherschale verbrennen.

HONIG

Der Honig ist eine echte Ausnahme in der Hexenküche, denn er ist ja weder ein Kraut noch ein Gewürz. Seine Wirkung bekommt er durch die Energie, die Tausende von Bienen für seine Erzeugung aufbringen mussten. Diese Energie gibt der Honig später an jeden weiter, der von ihm nascht. Deshalb ist Honig auch ein wichtiger Bestandteil bei allen Energie- und Stärkezaubern.

Honig verwendest du natürlich nicht zum Räuchern. Am besten du löst ihn im Tee auf und nimmst ihn flüssig zu dir. Du kannst den Honig natürlich auch direkt aus dem Glas löffeln.

HOPFEN

Den Hopfen benutzten schon die Hexen der Wikingerzeit als wichtiges Kraut zur Entspannung. Du brauchst den Hopfen für alle Ruhezauber, also wenn du friedliche und klare Gedanken brauchst, um dich auf ein schwieriges Problem konzentrieren zu können. Hopfen verwendest du normalerweise getrocknet in der Räucherschale, du kannst ihn aber auch während des Zaubers in kleinen Schälchen auf dem Altar aufstellen.

INGWER

Ingwer war bei den Hexen des Mittelalters ein fast unbezahlbares Mittel, denn auch der Ingwer musste extra aus Indien herbeigeschafft werden. Ingwer ist sehr wichtig für alle Sanftheitszauber, mit denen harte und unnachgiebige Menschen weicher und verständiger werden. Ingwer kannst du als Pulver in der Räucherschale verwenden oder frisch unter die Speisen mischen. Frischen Ingwer bekommst du in einem Asienladen.

JASMIN

Jasmin benötigst du für sämtliche Vergessenszauber, also solche Zauber, mit denen du dich von schweren Gedanken lösen kannst. Besonders wirksam ist so ein Zauber übrigens, wenn du dich von jemandem getrennt hast, ihm in Gedanken aber noch nachhängst. Jasmin benutzt du am besten in der Räucherschale, du kannst es aber auch in Form von Tee verwenden, dann ist es allerdings nicht ganz so wirkungsvoll.

JOHANNISKRAUT

Johanniskraut war jahrhundertelang eines der geheimsten Hexenkräuter, denn es hat verschiedene sehr mächtige Wirkungen. Am besten verwendest du es für Fröhlichkeitszauber, wenn du aus irgendeinem Grund sehr enttäuscht oder traurig bist. Aber auch für alle Vergessenszauber ist das Johanniskraut sehr wichtig. Besonders wenn du Liebeskummer hast, den du schnell wieder loswerden willst, solltest du das Johanniskraut benutzen. Du kannst es in der Räucherschale verbrennen, aber auch als Tee trinken. Wenn du einen besonders starken Zauber ausführen willst, dann solltest du zusätzlich mehrere Schälchen mit Johanniskraut auf den Altar stellen.

KAMILLE

Auch die Kamille haben schon die Hexen im Mittelalter sehr erfolgreich eingesetzt. Du brauchst sie unbedingt für Beruhigungszauber, also wenn du derart wütend über etwas bist, dass du kaum noch an etwas anderes denken kannst. Auch für Erfahrungszauber ist die Kamille sehr geeignet. Ein solcher Zauber hilft dir die Dinge, die du erlebt hast, besser zu verstehen. Die Kamille setzt du am wirkungsvollsten getrocknet in der Räucherschale ein, du kannst sie aber natürlich auch als Tee trin-

ken. Wenn du den typischen Kamillengeschmack nicht magst, kannst du entweder etwas Honig oder eine kleine Prise Salz in den Tee mischen.

KARDAMOM

Genau wie Cumin und Ingwer war auch Kardamom im Mittelalter ein überaus teures Hexengewürz, denn man musste es aus Ceylon und Indien importieren. Kardamom brauchst du, wenn du einen Gute-Laune-Zauber ausführst, denn dieses Gewürz hilft, die trüben Gedanken schnell wieder loszuwerden. Kardamom bekommst du am besten in einem Asienladen, du verwendest es als Pulver oder Samen in der Räucherschale.

KNOBLAUCH

Knoblauch wirkt gut bei Zaubern, die schlechte Erlebnisse vergessen machen, und vertreibt dabei böse Gedanken wie Hass und Rachsucht. Du kannst ihn als Pulver oder in getrockneten Scheibchen in der Räucherschale verwenden, aber auch frisch unter die Speisen mischen.

KORIANDER

Koriander ist ein mächtiges Kraut, das du unbedingt für alle Gute-Laune-Zauber brauchst, es hilft unter anderem gegen die Angst. Führst du zum Beispiel einen solchen Zauber vor einer schwierigen Prüfung durch, wirst du sehr viel sicherer in diese Prüfung gehen. Koriander bekommst du am besten in einem Asienladen, du verwendest ihn getrocknet in der Räucherschale.

LAVENDEL

Lavendel ist eines der stärksten Hexenkräuter überhaupt. Er hilft besonders gut bei Verständniszaubern, weil er Hindernisse aus dem Weg räumt, die dir den Blick auf die Wahrheit versperren. Du kannst ihn aber auch für alle Liebeszauber benutzen, denn er schafft eine Verbindung zwischen dir und dem Menschen, den du am meisten liebst. Du kaufst Lavendel am besten in der Apotheke und kannst ihn getrocknet in der Räucherschale verwenden.

LORBEER
Auch den Lorbeer kennt heute jeder, allerdings nur als Gewürz. Die Hexen des Mittelalters wussten dagegen bereits, dass der Lorbeer eine sehr mächtige Pflanze ist, die Mut schenken kann. Das ist übrigens auch der Grund, weshalb man schon im alten Rom die Siegeskränze aus Lorbeerzweigen geflochten hat. Bei allen Mut- und Kraftzaubern ist Lorbeer für dich also sehr wichtig. Lorbeerblätter benutzt du am besten getrocknet in der Räucherschale. Du kannst aber auch einen ganzen Lorbeerzweig auf den Altar legen und einen zweiten über die Tür zu dem Raum hängen, in dem dein Altar steht.

MAJORAN
Majoran benutzt du für alle Fröhlichkeitszauber, denn es vertreibt die Traurigkeit und hilft, wieder neuen Lebensmut zu fassen. Du kannst es aber auch bei allen Freundschaftszaubern einsetzen, denn es verscheucht Einsamkeitsgefühle und hilft dir, schnell neue Freunde zu finden. Majoran verwendest du getrocknet in der Räucherschale, kannst es aber auch frisch oder getrocknet unter die Speisen mischen.

MUSKATNUSS
Die Muskatnuss eignet sich besonders für einen Gute-Laune-Zauber oder den Vergessenszauber, denn sie vertreibt sehr

schnell traurige Gedanken, den Schmerz nach einer Trennung oder großen Enttäuschung. Muskatnuss kaufst du am besten als ganze Nuss, musst diese dann aber mit einer kleinen Küchenreibe erst einmal pulverisieren. Wenn du keine ganzen Nüsse bekommst, kannst du natürlich auch das fertige Muskatpulver nehmen, das du am besten in der Räucherschale verwendest.

MYRRHE

Myrrhe ist ein seit Jahrtausenden bekanntes Hexenkraut, das verschiedene, starke Wirkungen hat. Eigentlich ist Myrrhe gar kein Kraut, sondern getrocknetes Baumharz, welches du in kleinen Portionen in jedem guten Hexenladen bekommst. Es eignet sich besonders für einen Glaubenszauber, mit dem es leichter fällt, die Wahrheit zu erkennen und an diese auch zu glauben. Aber auch für einen Realitätszauber ist Myrrhe sehr gut geeignet, denn es hilft dir, aus einer Traumwelt wieder in die Realität zurückzukommen. Selbst für einen Liebeszauber ist Myrrhe sehr gut geeignet, weil es den Sinn für die Liebe freimacht und hilft, alles Störende zu vergessen.

ORIGANUM

Das Origanum wird manchmal auch als Oregano bezeichnet und ist ein sehr altes Hexenkraut. Du brauchst es bei allen Kraftzaubern, also etwa wenn du erschöpft bist und dich müde und schlapp fühlst. Origanum kannst du besonders gut in getrocknetem Zustand in der Räucherschale verwenden oder unter die Speisen mischen.

PATCHOULI

Patchouli (man spricht es übrigens „Patschuli" aus) ist ein sehr nützliches Kraut für alle Kreativzauber. Es hilft dir, deine Kreativität zu erkennen und zu nutzen, und das nicht nur im künstlerischen Sinne. Kreativität bedeutet nämlich auch, dass du möglicherweise Wege zur Lösung eines Problems findest, die dir sonst nie in den Sinn gekommen wären, oder dir plötzlich einfällt, wie du jemanden am besten ansprechen könntest. Patchouli bekommst du in jedem guten Hexenladen und kannst es getrocknet in der Räucherschale verwenden. Patchouli gibt es aber auch als Öl, dieses kannst du dann auf einem Duftstein auf deinem Altar verdunsten lassen.

PETERSILIE
Petersilie ist heute ein weit verbreitetes Gewürz, das du in fast jeder Küche findest. Nur die wenigsten Menschen wissen aber, dass Hexen die Petersilie seit Jahrhunderten benutzen. Du kannst die Petersilie besonders gut bei Befreiungszaubern nutzen, denn sie hilft dir, lang aufgestaute Gefühle endlich herauszulassen. Aber auch für einen Entspannungszauber ist die Petersilie ideal, denn mit ihr kannst du Stress besser hinter dir lassen. Petersilie kannst du getrocknet in der Räucherschale verwenden und frisch oder getrocknet unter die Speisen mischen.

PFEFFER
Du brauchst Pfeffer für alle Motivations- und Mutzauber, denn der Pfeffer hilft dir beispielsweise, mit einer Sache weiter zumachen, die du eigentlich schon aufgegeben hattest. Wichtig ist, dass du auf jeden Fall die richtige Pfefferart für den jeweiligen Zauber wählst:

Schwarz Schwarzen Pfeffer nimmst du für allgemeine Motivationszauber, also zum Beispiel bei den täglichen kleinen Problemen mit Eltern, Geschwistern oder Freunden.

Grün Grüner Pfeffer eignet sich für Motivationszauber, die mit Prüfungen oder anderen schwierigen Aufgaben zu tun haben.

Rot Roten Pfeffer benutzt du für Liebes- und Treuezauber, also wenn du denkst, deine Liebe oder die einer dir wichtigen anderen Person könnte langsam einschlafen.

Für die Räucherschale darfst du kein Pfefferpulver benutzen, sondern nur Pfefferkörner! Pfefferpulver verbrennt nämlich sehr schnell und riecht dabei nicht besonders gut. Wenn du einen Zauber verstärken willst, kannst du folgendes tun: Nachdem der Zauber abgeschlossen ist, füllst du Pfefferkörner der verwendeten Farbe in ein Stoffsäckchen und hängst es einen Tag und eine Nacht lang über die Tür des Raumes, in dem dein Altar steht.

PFEFFERMINZE

Die Pfefferminze kennen die meisten Menschen nur als Tee oder im Kaugummi, die alten Hexen wussten dagegen schon vor Jahrhunderten von diesem Kraut. Du kannst die Pfefferminze besonders gut für Erfrischungs- und Energiezauber verwenden, mit denen Erschöpfung und trübe Gedanken blitzschnell verschwinden. Pfefferminze bekommst du getrocknet in der Apotheke und kannst sie in der Räucherschale verbrennen. Hast du keine Räucherschale, kaufst du Pfefferminzöl in einem guten Hexenladen und lässt es auf einem Duftstein verdunsten.

PIMENT

Auch Piment ist eines der Kräuter, das sich die Hexen des Mittelalters kaum leisten konnten, denn es stammt eigentlich aus Java. Du brauchst Piment für Kraftzauber, mit dem du nach einer anstrengenden Aufgabe wieder Energie tankst. Auch für Freiheitszauber ist Piment ideal. Mit einem solchen Zauber kannst du dich von Gefühlen befreien, die dich einengen und dir den Blick auf die Wahrheit versperren. Piment verwendest du am besten in der Räucherschale oder als Öl auf einem Duftstein, du kannst es aber auch unter die Speisen mischen.

RINGELBLUME

Die Ringelblume ist eine der ältesten Hexenpflanzen und eine sehr mächtige dazu. Du kannst die Ringelblume sehr gut für Heilzauber verwenden, mit denen du deine verletzten Gefühle wieder stärkst, besonders, wenn dich ein Mensch enttäuscht oder sehr unfreundlich zurückgewiesen hat. Getrocknete Ringelblumen bekommst du in der Apotheke, du kannst sie in der Räucherschale verbrennen. In guten Hexenläden gibt es aber auch Ringelblumenöl, das du auf einem Duftstein verdunsten lassen kannst.

ROSE

Du hast es bestimmt schon geahnt, die Rose ist die mächtigste Hexenpflanze, wenn es um Liebeszauber geht. Wenn du willst, dass ein Mensch deine Liebe erkennt, kommst du an diesem Zauber nicht vorbei. Du kannst die Rose in sehr unterschiedlicher Form verwenden, am besten eignen sich allerdings frische Rosenblätter. Anders als die anderen Hexenpflanzen darf die Rose nicht mit großer Hitze in Berührung kommen, da sie sonst ihre Wirkung verlieren würde. Deshalb legst du die frischen Rosenblätter einfach auf den Altar. Und je mehr Blätter du nimmst, desto stärker wird der Zauber.

Alle Liebeszauber wirken aber auch mit getrockneten Rosen sehr gut, allerdings brauchst du dafür immer die ganze Rose und nicht nur die Blätter.

ROSMARIN

Auch der Rosmarin ist ein uraltes Hexenkraut, du benötigst ihn für sämtliche Schutzzauber. Mit einem solchen Zauber vertreibst du beinah alle schlechten Einflüsse wie Neid, Lügen oder Gerüchte. Obendrein ist Rosmarin auch für Freundschaftszauber wichtig, mit denen du sicherstellst, dass deine Freunde dir immer treu bleiben. Du kannst getrockneten Rosmarin in der Räucherschale verwenden, ihn aber auch frisch oder getrocknet unter die Speisen mischen. In allen guten Hexenläden bekommst du aber auch Rosmarinöl, das du auf einen Duftstein tropfst und auf dem Altar verdunsten lässt.

SALBEI

Den Salbei brauchst du für Reinigungszauber, mit denen du deinen Geist und deine Gefühle von schlechten Erlebnissen befreist. Obendrein wirkt sich ein Reinigungszauber mit Salbei auch sehr gut auf deine Geduld aus. Du hast danach mehr Ruhe für Entscheidungen und bessere Nerven, wenn es einmal sehr verzwickt und stressig wird. Am besten verwendest du getrockneten Salbei in der Räucherschale, du kannst ihn aber auch sehr gut als Öl auf einem Duftstein einsetzen.

SELLERIE

Sellerie ist für alle Realitätszauber, mit denen du dich oder einen anderen Menschen wieder auf den Boden der Tatsachen zurückbringen kannst, sehr wichtig. Solche Zauber sind manchmal wirklich nötig, besonders, wenn jemand in einer Traumwelt lebt. Getrockneten Sellerie kannst du sehr gut in der Räucherschale verbrennen, er lässt sich aber auch frisch oder getrocknet unter die Speisen mischen.

SONNENBLUME

Die Sonnenblume hat ihren Namen nicht umsonst, denn schon die alten Hexen wussten, dass sie eine Pflanze mit einer sehr warmen und hellen Ausstrahlung ist. Diese Ausstrahlung brauchst du für alle Erfolgs- und Glückszauber, mit denen du dir vor sehr schwierigen Aufgaben helfen kannst. Für solche Zauber kannst du entweder den kompletten Kopf einer frischen Sonnenblume verwenden oder aber nur die Sonnenblumenkerne. Nimmst du die frische Blume, legst du sie möglichst in die Mitte des Altars. Die Sonnenblumenkerne gibst du in zwei kleine Schüsselchen und stellst diese an den beiden äußersten Ecken des Altars auf.

THYMIAN

Der Thymian ist das wichtigste Hexenkraut bei allen Glücks-,
Mut- und Erfolgszaubern. Du kannst ihn aber auch, wenn möglich nur in sehr kleinen Mengen, in jedem anderen Zauber verwenden, denn er verstärkt alle Zauber und macht sie wirkungsvoller und erfolgreicher. Getrockneten Thymian verwendest du
am besten in der Räucherschale, genauso gut kannst du ihn
aber auch frisch oder getrocknet unter das Essen mischen. Um
einen Zauber zu verstärken oder seine Wirkung etwas zu ver-
längern, verfahre folgendermaßen: Besorge dir ein paar Zweige
frischen Thymian und lege sie, bevor du den Zauber ausführst,
in alle vier Ecken des Raumes, in dem dein Altar steht. Hast du
deinen Zauber beendet, lässt du die Zweige noch mindestens
2 Stunden dort liegen, bevor du sie wieder einsammelst.

VANILLE

Die Vanille brauchst du für den Wohlfühlzauber, mit dem du
Stress, Ärger, aber auch Heimweh und Gefühle von Fremdheit
schnell wieder los wirst. Mit frischer Vanille zu arbeiten ist ein
bisschen schwieriger als mit den anderen Kräutern und Pflanzen. Du bekommst die frische Vanille als Schote, die du öffnest
und mit einem Messer das Mark herauskratzt. Dieses Mark
musst du ein paar Tage trocknen lassen, bevor es sich in der
Räucherschale verwenden lässt. Schneller und einfacher geht es
aber, wenn du in einem Hexenladen ein Vanilleöl kaufst, dass du
auf einen Duftstein auf dem Altar tropfst. Achte beim Kauf von
Vanille immer darauf, dass du kein Vanillekonzentrat oder Va-
nillearoma kaufst, wie es in kleinen Fläschchen im Supermarkt
angeboten wird. Solche Aromen werden meist chemisch erzeugt
und sind eigentlich nur zum Backen gedacht. Im Kuchen
schmecken sie zwar ganz gut, haben aber natürlich nicht die
magische Wirkung der echten Vanille.

VEILCHEN

Veilchen sind viel mehr als nur irgendwelche Blumen am Wegesrand, sie sind mächtige Hexenpflanzen, die dir bei einem Liebeszauber sehr behilflich sind. Du bekommst Veilchen in fast jedem Blumenladen, allerdings musst du dabei auf etwas achten.
Normalerweise werden in Läden fast immer so genannte Usam-
baraveilchen verkauft, die aber nicht so wirksam sind wie die
echten wilden Veilchen, die du im Wald oder an Feldwegen findest. Am besten versuchst du also ein solches „echtes" Veilchen
zu bekommen und nimmst nur im Notfall ein neu gezüchtetes.
Für den Liebeszauber brauchst du nur die Blütenblätter des
Veilchens, die du vorsichtig abzupfst und an einem warmen
Platz ein paar Tage lang trocknen lässt. Sind sie wirklich
trocken, kannst du sie vorsichtig zerbröseln und in der Räucherschale verwenden. Wenn du nicht an Veilchen herankommst,
kannst du in einem guten Hexenladen auch Veilchenöl kaufen
und es auf einem Duftstein tropfen.

VERGISSMEINNICHT

Auch das Vergissmeinnicht ist eine sehr mächtige Hexenpflanze
für eine ganz konkrete Art des Liebeszaubers. Du brauchst diesen Zauber, wenn du dich für eine bestimmte Zeit, also vielleicht während der Schulferien, von einem geliebten Menschen
trennen musst. Dieser Liebeszauber lässt die Zeit der Trennung
viel kürzer erscheinen und du kannst sicher sein, dass dich der
andere Mensch nicht vergessen wird. Das Vergissmeinnicht bekommst du in jedem Blumengeschäft und wie beim Veilchen,
benötigst du auch hier nur die getrockneten Blütenblätter, die
du in der Räucherschale verwendest.

WACHOLDER

Der Wacholder ist für alle Stärke- und Motivationszauber unabdingbar. Mit einem solchen Zauber schaffst du es, auch schwere Aufgaben zu lösen und dabei den Glauben an dich selbst nicht zu verlieren. Wacholder kannst du frisch oder getrocknet in der Räucherschale verwenden, musst dabei aber etwas beachten. Wacholderblätter kannst du direkt in die Räucherschale geben, die Wacholderbeeren musst du zuvor aber natürlich erst zerbröseln.

WEIHRAUCH

Weihrauch ist wieder eines der uralten und sehr mächtigen Hexenkräuter. Genau genommen ist es auch gar kein Kraut, sondern das getrocknete Harz des Weihrauchbaumes. Den Weihrauch brauchst du für alle Schutz- und Reinigungszauber, mit denen du schlechte Gedanken von dir fern halten und alte und schwierige Probleme schnell loswerden kannst. Wegen dieser Eigenschaften kannst du Weihrauch auch sehr gut in Liebeszaubern einsetzen. Weihrauch bekommst du natürlich in jedem Hexenladen, und zwar in verschiedenen Preisklassen. Je höher die Qualität des Weihrauchharzes ist, desto wirksamer ist es natürlich, leider aber auch um so teurer. Das macht aber nichts, denn mit dem teuersten und reinsten Weihrauch sollten nur Hexen mit langjähriger Erfahrung arbeiten. Du kannst also ganz beruhigt den günstigsten Weihrauch kaufen und dennoch sicher sein, dass er sehr gut wirkt.

Weihrauch wird grundsätzlich in der Räucherschale verwendet. Du kannst aber auch ein gutes Weihrauchöl kaufen und es auf einen Duftstein tropfen. Im Notfall funktioniert dein Zauber auch mit Weihrauch-Räucherstäbchen, diese solltest du aber wirklich nur in einem Hexenladen kaufen. Die billigen Räucherstäbchen, die es manchmal in Supermärkten zu kaufen gibt, enthalten nämlich entweder viel zu wenig Weihrauch oder statt dessen ein chemisch hergestelltes Weihraucharoma.

WERMUT

Der Wermut ist wichtig für alle Kraft- und Energiezauber, mit denen du wirklich anstrengende Zeiten gut durchstehst. Wermut bekommst du getrocknet in der Apotheke, du verwendest ihn am besten in der Räucherschale. Aber auch das Wermutöl aus dem Hexenladen wirkt sehr gut, wenn du es auf einen Duftstein tropfst und ihn dann auf deinen Altar stellst.

ZIMT

Den Zimt brauchst du besonders für den Erkenntniszauber, mit dem du verstehen kannst, weshalb andere Menschen bestimmte Dinge tun und was die Folgen daraus sein werden. Aber auch für den Liebszauber ist Zimt sehr gut geeignet, weil du damit neben der Liebe auch noch das Verständnis eines anderen Menschen bekommst. Zimt verwendest du am besten in der Räucherschale, du kannst es aber auch als Öl auf einen Duftstein tropfen.

ZITRONE

Jeder kennt Zitronen, aber nur die Hexen wissen, dass die Zitrone eine magische Frucht ist. Du brauchst sie für den Freiheitszauber, mit dem du alte und traurige Erinnerungen ebenso hinter dir lassen wirst wie schlechte Stimmungen. Getrocknete Zitrone kannst du zwar in der Räucherschale verwenden, besser ist aber das Zitronenöl, das du im Hexenladen bekommst und auf einen Duftstein tropfst. Wenn du einen Freiheitszauber ausführst, solltest du übrigens immer zwei Zitronen mit auf den Altar legen, weil das den Zauber deutlich verstärkt.

und so mischst du
dir deine eigenen Kräuteröle

(K) Kräuteröle sind eine sehr praktische und nützliche Sache, denn damit kannst du sehr viele Zauber ausführen, selbst wenn du einmal keine frischen Kräuter zur Hand hast. Die Öle speichern zwar nicht die ganze magische Kraft der Kräuter, aber zumindest einen großen Teil davon, so dass deine Zauber auch mit Öl sehr gut wirken.

Aber Vorsicht: Die Kräuteröle, die ich dir hier zeige, haben nichts mit den Ölen zu tun, die du für einen Duftstein brauchst. Duftstein-Öle – man nennt sie auch ätherische Öle – kaufst du im Hexenladen. Die jetzt folgenden Öle sind also nur dafür gedacht, dass du sie unter die Speisen mischst.

Ein gutes Hexenöl braucht seine Zeit!

Wenn du ein Kräuteröl selbst mischst, musst du dazu etwas Geduld haben. Ist das Öl fertig gemischt, braucht es nämlich eine bestimmte Reifezeit, bis es die Kraft der Kräuter angenommen hat und wirksam wird.

Am Beispiel eines Rosmarinöls zeige ich dir einmal, was du zu tun hast:

Zuerst kaufst du ein gutes Öl, also etwa ein Traubenkern- oder ein kaltgepresstes Olivenöl. Dann siehst du auf dem Kalender nach, wann der nächste Vollmond ist, und kaufst am besten erst einen Tag vorher den frischen Rosmarin. Und jetzt kommt der wichtigste Teil der Arbeit. Den Rosmarin legst du in der Vollmondnacht auf ein Fensterbrett, wo er vom Mondlicht beschienen wird. Während seines Wachstums hat der Rosmarin ja die Kraft der Sonne aufgenommen, nun bekommt er auch die des Mondes.

Am nächsten Morgen gibst du einen der Rosmarinzweige in die Flasche, verschließt sie fest und bewahrst sie etwa 3 Wochen lang an einem dunklen, kühlen Ort auf. Aber Vorsicht: Stelle das Öl niemals in den Kühlschrank, denn dort ist es zu kalt und das Öl verliert seine Wirkung. Nach drei Wochen ist das Öl fertig und du kannst es sofort benutzen.

Geht das mit allen Kräuterölen so?

Eigentlich ja, es gibt allerdings einige wenige Ausnahmen, die ich dir kurz zeigen werde. Normalerweise kannst du alle Kräuter oder Gewürze, die für drei Wochen im Öl lagen, auch dort belassen, solange du das Öl benutzt. Manche dieser Pflanzen machen das Öl allerdings auf lange Sicht trübe und bitter. Die folgenden Kräuter und Gewürze solltest du nach der Reifezeit des Öls wieder herausnehmen:

Ingwer
Kamille
Kardamom
Muskatnuss
Sellerie
Zimt

Kann ich aus allen Kräutern auch Öle machen?

Im Grunde genommen kannst du natürlich aus allen Kräutern und Gewürzen auch ein Öl machen. Bei manchen Pflanzen macht das aber keinen Sinn, denn sie sind nicht genießbar und würden vermutlich ziemlich scheußlich schmecken. Von diesen Pflanzen solltest du kein Kräuteröl machen:

Patchouli
Ringelblume
Veilchen
Vergissmeinnicht

5

Magische Hexen-steine

I In vielen alten Darstellungen siehst du Hexen in Kristallkugeln blicken oder mit geheimnisvoll glitzernden Steinen scheinbar rituelle Handlungen vollziehen. Und da haben die Geschichtsschreiber und Märchenerzähler wieder einmal gezeigt, dass sie die echten Geheimnisse der Hexen gar nicht kannten. Tatsächlich wussten nämlich schon die Hexen des Mittelalters sehr gut über magische Steine und ihre Wirkungen Bescheid und setzten sie dementsprechend ein. Aber das waren keine Kristallkugeln, wie in den Märchen immer wieder gezeigt, sondern spezielle und zu dieser Zeit sehr kostbare Edelsteine. Du hast es sehr viel einfacher, an diese magischen Steine zu kommen als die Hexen damals, denn die meisten Steine gibt es heute für wenig Geld in jedem guten Hexenladen.

und was können
die magischen steine?

D Die magischen Steine können sehr viel für dich tun, so lange du genau weißt, wie sie wirken und für welchen Zauber du sie einsetzen musst. Aber keine Sorge, ich werde dir gleich zeigen, worauf du dabei achten musst.

Müssen die Steine eine bestimmte Größe haben?

Nein, jeder Stein wirkt genau gleich gut, egal wie groß er ist. Die einzige Ausnahme ist der Bergkristall, der um so besser wirkt, je größer er ist. Leider ist der Bergkristall aber auch heute noch ein sehr teurer Stein, so dass du dich hier mit einem kleineren Stück zufrieden geben kannst. Das ist auch nicht wirklich schlimm, denn da der Bergkristall ohnehin schon ein sehr mächtiger Hexenstein ist, genügt bereits ein sehr kleines Stück.

Spielt die Form des Steins eine Rolle?

Magische Steine bekommst du in sehr unterschiedlichen Formen. Auf deinen Zauber hat die Form des Steins keine Wirkung, für bestimmte Zauber eignen sich manche Steinformen einfach besser als andere. Hast du zum Beispiel einen Treuezauber ausgeführt und gibst deinem Freund den dazugehörigen Stein mit auf eine Reise, ist es natürlich praktisch, wenn das eine flache Steinscheibe mit einem Loch ist. Einen solchen Stein kann er

mit einem Lederband um den Hals tragen und hat ihn so immer bei sich, dein Zauber kann also wirklich gut wirken. Hast du dagegen einen kleinen rundlichen Stein gewählt, muss er ihn in der Hosentasche mit sich tragen, wo er ihn leicht verlieren kann.

Und was passiert, wenn ich den falschen Stein wähle?

Natürlich sollte es dir als Hexe nicht passieren, dass du den falschen Stein für einen Zauber aussuchst! Andererseits machen eben auch Hexen mal Fehler und der falsche Stein fällt zum Glück in die Kategorie „harmlos". Das Schlimmste, was dabei passieren kann, ist, dass dein Zauber nicht besonders stark wirkt, völlig wirkungslos wird er aber nie sein. Das liegt daran, dass du den Stein ja vorher mit einem Zauber belegt, deine Gedanken, Gefühle und Wünsche also auf ihn übertragen hast.

Stimmt das – jedes Sternzeichen hat seine eigenen Steine?

Ja, das stimmt und diese Tatsache ist für dich sehr wichtig. Du solltest nämlich selbst stets einen magischen Stein bei dir haben, der zu deinem Sternzeichen gehört. Dieser Stein kann dann als dein Talisman dienen.

Aber auch, wenn du einen Zauber für einen bestimmten Menschen ausführst, hilft dir ein Sternzeichenstein, den Zauber noch zu verstärken. Dazu legst du einfach einen der Steine, die zum Sternzeichen dieses Menschen gehören, mit auf den Altar. Trägt dieser Mensch den Stein von nun an auch noch bei sich, wirkt der Zauber natürlich besonders gut.

Bei einem Zauber für die links stehenden Sternzeichen kannst du einen der rechts aufgeführten Steine verwenden:

Wassermann	Aquamarin, Topas, Türkis
Fisch	Amethyst, Jade
Widder	Roter Jaspis, Karneol, Rubin
Stier	Achat, Karneol, Rosenquarz, Turmalin
Zwilling	Bernstein, Citrin, Tigerauge
Krebs	Jade, Rosenquarz
Löwe	Achat, Bergkristall
Jungfrau	Gelber Jaspis, Tigerauge
Waage	Aquamarin, Jade, Rauchquarz
Skorpion	Hämatit, Karneol
Schütze	Lapislazuli, Sodalith
Steinbock	Onyx, Moosachat

Das sind deine magischen Steine

Ich zeige dir jetzt die wichtigsten magischen Steine und für welche Zauber du sie verwenden musst. Es genügt übrigens, wenn du nur jeweils einen einzelnen Stein während des Zaubers mit auf den Altar legst, aber es schadet natürlich nicht, wenn es mehrere sind. Sieh dich einfach einmal in einem Hexenladen um, hier findest du nämlich manchmal Sonderangebote von so genannten „Trommelsteinen". Damit hättest du dann schnell eine ganze Handvoll Steine für relativ wenig Geld.

Ganz wichtig:
Deine Steine brauchen Pausen ...

Wenn du magische Steine für einen Zauber verwendet hast, haben sie sich dabei genauso verausgabt wie du selbst und du kannst sie nicht sofort für den nächsten Zauber einsetzen. Genauso, wie du selbst Ruhepausen brauchst, brauchen das auch deine Steine. In dieser Ruhepause können sie wieder Energie tanken – man nennt das übrigens aufladen – und stehen danach für den nächsten Zauber zur Verfügung. Wie du deine Steine auflädst, sage ich dir zu jedem einzelnen Stein.

... und einen „Mülleimer"

Du wunderst dich vielleicht, was ich mit „Mülleimer" meine. Nun ganz einfach: Deine Steine müssen bei einem Zauber auch viel schlechte Energie aufnehmen, die überall in der Luft liegt. Diese schlechte Energie können sie aber nicht endlos in sich sammeln, sondern müssen sie natürlich auch wieder loswerden. Das machen sie, indem sie diese Energie an bestimmte andere Steine abgeben. Ein solcher Stein ist zum Beispiel der Hämatit, der wie eine Art Mülleimer für die anderen Steine arbeitet. Denke also daran, dass du beim Kauf der Steine auf jeden Fall einen Hämatit mitnimmst.

Und wie benutze ich die Steine für einen Zauber?

Um die Steine möglichst wirkungsvoll in einen Zauber einzubauen, legst du sie vorher mit auf deinen Altar. Bei manchen Zaubern, wie zum Beispiel beim Treuezauber, muss der jeweilige Stein danach aber getragen werden, damit der Zauber besser wirkt. Wenn du also einen Befreiungszauber für dich selbst ausführst, solltest du den dazugehörigen Stein danach noch etwa ein bis zwei Tage lang bei dir haben.

AMETHYST

Der Amethyst ist ein wunderschön lilafarbener Stein, den du auf jeden Fall für alle Schläue- und Intelligenzzauber brauchst. Um ihn wieder aufzuladen, legst du ihn für ein paar Stunden mit anderen Amethyststeinen zusammen an einen dunklen Platz.

AVENTURIN

Der Aventurin ist ein grünlicher Stein, den du für Glücks- und Erfolgszauber brauchst. Du lädst ihn nach einem Zauber wieder auf, indem du ihn für ein paar Stunden ins Sonnenlicht legst.

BERGKRISTALL

Der Bergkristall ist ein ganz besonderer Stein, den du bei allen Erfrischungs- und Energiezaubern verwenden solltest. Du kannst ihn aber auch bei jedem anderen Zauber mit auf den Altar legen, denn er verstärkt jeden Zauber. Um ihn wieder aufzuladen, legst du ihn ein paar Stunden lang ins Sonnenlicht.

BLAUQUARZ

Der Blauquarz ist bei allen Wohlfühl-, Beruhigungs- und Ruhe-
zaubern wichtig. Um ihn aufzuladen, legst du ihn ein paar
Stunden lang ins Sonnenlicht oder über Nacht zusammen mit
einem Bergkristall in ein kleines Schälchen.

DUMORTIERIT

Den Dumortierit brauchst du vor allem für den Fröhlichkeitszauber, du kannst ihn aber auch für alle Gute-Laune-Zauber
einsetzen. Um ihn nach dem Zauber wieder aufzuladen, legst du
ihn ein paar Stunden lang zusammen mit einem Hämatit in ein
Schälchen.

GOLDFLUSS

Der Goldfluss ist ein wichtiger Stein für alle Stärke-, Mut- und
Kraftzauber. Du lädst ihn wieder auf, indem du ihn für ein paar
Stunden ins Sonnenlicht legst.

HÄMATIT

Wie schon gesagt, der Hämatit hilft allen anderen Steinen, ihre
schlechten Energien wieder loszuwerden. Aber natürlich kann
der Hämatit noch viel mehr und deshalb brauchst du ihn für alle Schutz- und Antiblockade-Zauber. Um ihn nach getaner Arbeit wieder aufzuladen, legst du ihn zusammen mit einem Bergkristall für ein paar Stunden an einen dunklen Platz.

JADE

Die Jade ist ein wichtiger Stein für alle Erkenntnis- und Ver-
ständniszauber. Zum Aufladen legst du die Jade mit einem
Amethyststein zusammen für ein paar Stunden an einen dunklen Platz.

ROTER JASPIS

Der rote Jaspis ist wichtig für alle Zauber gegen schlechte Gefühle und Angst, aber auch für die Zauber gegen Einsamkeit. Zum Aufladen legst du ihn für ein paar Stunden ins Sonnenlicht.

KATZENAUGE

Das Katzenauge kannst du, genauso wie den Aventurin, für alle Erfolgs- und Glückszauber verwenden. Um das Katzenauge wieder aufzuladen, legst du es für ein paar Stunden zusammen mit einem Bergkristall in ein Schälchen.

LAPISLAZULI

Den Lapislazuli brauchst du für den Realitätszauber, du kannst ihn aber ebenso für einen Sanftheitszauber einsetzen. Zum Aufladen legst du den Lapislazuli für ein paar Stunden ins Sonnenlicht.

ONYX

Der Onyx ist besonders für den Glaubenszauber wichtig, er eignet sich aber ebenso für einen Heilzauber. Zum Aufladen legst du den Onyx ein paar Stunden lang zusammen mit einem Bergkristall in ein Schälchen.

PERLMUTT

Perlmutt setzt du am besten bei einem Befreiungszauber ein. Du kannst Perlmutt aber auch als Ergänzung bei einem Liebeszauber verwenden. Zum Aufladen legst du den Stein am besten über Nacht zusammen mit einem Bergkristall und einem Hämatit an einen dunklen Platz.

ROSENQUARZ

Rosenquarz ist der wichtigste Stein bei einem Liebeszauber, er dient aber auch sehr gut bei allen Freundschaftszaubern. Noch besser wirkt der Zauber, wenn du zusätzlich noch ein Stück Perlmutt dazu gibst. Zum Aufladen legst du den Rosenquarz zusammen mit einem Bergkristall und einem Amethyst für ein paar Stunden in ein Schälchen.

SCHNEEFLOCKENOBSIDIAN

Diesen Stein benutzt du für den Freiheitszauber. Zum Aufladen musst du den Schneeflockenobsidian für ein paar Stunden ins Sonnenlicht legen.

SODALITH

Den Sodalith brauchst du für jeden Vergessenszauber. Zum Aufladen legst du ihn über Nacht zusammen mit einem Bergkristall in ein Glas Wasser.

TIGERAUGE

Das Tigerauge setzt du besonders bei einem Kreativzauber ein, es unterstützt aber auch den Erfolgszauber. Zum Aufladen legst du es einfach ein paar Stunden lang ins Sonnenlicht.

TÜRKIS

Der Türkis ist wichtig bei einem Reinigungszauber. Zum Aufladen legst du den Türkis über Nacht zusammen mit einem Bergkristall an einen dunklen Platz.

6

zauber-
sprüche
für alle
Lebenslagen

W Wenn du bis hierher alle vorherigen Kapitel gelesen hast, kennst du die wichtigsten Hexenwerkzeuge und kannst dich daranmachen, den ersten Zauber auszuprobieren.

Es gibt sehr viele unterschiedliche Zauber, manche davon sind sehr einfach, schnell in der Vorbereitung und leicht in der Ausführung, andere dagegen benötigen mehr Vorbereitung, fortgeschrittene Kenntnisse der Hexerei und gelten daher als ziemlich schwer. Für den Anfang wählst du einen einfachen Zauber, der schnell geht und trotzdem eine sehr gute Wirkung hat. Erst wenn du etwas mehr Übung hast, solltest du dich an die komplizierteren Zauber wagen, die Erfahrung und viel Konzentration erfordern.

Ich zeige dir deshalb auch alle Zauber erst in einer leichten und danach in der schwierigeren Form. Erst wenn du sicher bist, den einfachen Zauber wirklich zu beherrschen, probierst du den komplizierteren. Von ein paar wenigen Zaubern gibt es übrigens keine einfache Version, aber keine Angst, wenn du dich gut vorbereitet hast, müsstest du es mit etwas Übung trotzdem schaffen.

Und noch etwas sehr Wichtiges: Nicht für alle Zauber brauchst du auch Zaubersprüche oder magische Formeln. Benötigst du allerdings Formeln, musst du diese vor einem Zauber unbedingt auswendig können und darfst sie nicht aus diesem Buch ablesen. Würdest du sie aus diesem Buch vorlesen, wären es ja meine Formeln und nicht deine eigenen – und so könnten sie eben auch nicht funktionieren. Erst wenn du eine Formel auswendig aufsagen kannst oder sie selbst niedergeschrieben hast, kann sie wirken.

vorbereitungen
für den zauber

B Bevor du mit einem Zauber beginnst, musst du, wie ich dir gezeigt habe, alle nötigen Vorbereitungen treffen. Hier noch einmal in einer kurzen Übersicht, was zu tun ist:

Zuerst baust du deinen Altar auf. Auf dem Altar stellst du jetzt alle für diesen Zauber nötigen Werkzeuge, also Kerzen, die Räucherschale oder den Duftstein und eventuell die nötigen Steine auf.
Sorge dafür, dass du ab jetzt ungestört bleibst und zünde die Kerzen an. Benutzt du eine Räucherschale, dann zündest du deren Inhalt jetzt ebenfalls an.
Wenn du für deinen Zauber Musik verwenden willst, startest du sie jetzt und stellst sie auf die richtige Lautstärke ein. Denke aber bitte daran, dass die Musik dich nie vom eigentlichen Zauber ablenken darf.
Setze dich so gemütlich wie möglich vor deinen Altar, am besten auf ein weiches Kissen auf dem Boden.
Und jetzt die wichtigste Vorbereitung: Versuche dich völlig zu entspannen und alles, das nichts mit dem Zauber zu tun hat, aus deinen Gedanken verschwinden zu lassen. Konzentriere dich ganz auf das, was der Zauber bewirken soll, aber tu dies ohne Druck und Erfolgszwang. Erwarte nicht, dass dieser Zustand sofort eintritt, sondern lass dir ruhig ein wenig Zeit dafür. Jetzt bist du bereit für den ersten Zauber.

der Liebeszauber

(D) Der Liebeszauber ist natürlich der wichtigste Zauber
überhaupt, denn ohne Liebe wäre unser Leben ziemlich
traurig und eintönig. Mit einem Liebeszauber kannst du viele
verschiedene Dinge erreichen. Du kannst die Liebe eines anderen
Menschen gewinnen oder eine bestehende Liebe noch größer
und fester machen.

DER EINFACHE LIEBESZAUBER

Am besten beginnst du mit einem Aufmerksamkeitszauber, der
einen Menschen dazu bringt, dich unbedingt kennen lernen zu
wollen. Nach dem Kennenlernen hast du es selbst in der Hand,
ob daraus Liebe werden kann.

Für diesen Zauber brauchst du:

> zwei rosa Kerzen
> zwei bis drei getrocknete Brennnesselblätter
> einen Teelöffel voll roter Pfefferkörner
> ein Foto des Menschen (das kann übrigens irgendein
> Foto, also auch ein Klassenfoto sein)
> wenn du den Zauber etwas verstärken willst, brauchst
> du einen Rosenquarz oder Bergkristall für den Altar

Und so funktioniert der Zauber:

Auf die Rückseite des Fotos schreibst du mit Bleistift den Satz: „Markus muss Melanie kennen lernen". Natürlich verwendest du dafür die echten Namen, ich habe diese beiden hier ja nur als Beispiel genommen. Du stellst die zwei Kerzen nebeneinander auf und lässt zwischen ihnen so viel Platz, dass das Foto gerade noch dazwischenpasst. Hast du eine Räucherschale, legst du die Brennnesselblätter und die Pfefferkörner hinein und wartest, bis sie beginnen zu räuchern. Benutzt du stattdessen einen Duftstein, tropfst du das Brennnesselöl darauf und wartest, bis es anfängt zu verdunsten.

Jetzt stellst du das Foto auf den Kopf zwischen die beiden Kerzen, die Fotorückseite muss dabei von dir wegzeigen, und blickst dem Menschen auf dem Foto in die Augen. Nun sprichst du einmal den Satz, den du auf die Rückseite geschrieben hast. Danach drehst du das Bild wieder richtig herum und wiederholst den Satz ein weiteres Mal. Halte eine Minute lang deine Augen geschlossen und denke an das Gesicht des Menschen. Jetzt kannst du die Kerzen und die Räucherschale löschen, dein Zauber beginnt sofort zu wirken.

DER SCHWIERIGE LIEBESZAUBER

Diesen Liebeszauber führst du aus, wenn du wirklich sehr verliebt in jemanden bist und willst, dass dieser Mensch dich ebenfalls liebt. Für diesen Zauber brauchst du aber unbedingt ein winziges Teil des Menschen, also ein Haar oder ein Stückchen Fingernagel. Damit der Zauber funktioniert, muss der Mensch dir dieses Teil allerdings freiwillig geben! Ich weiß, dass ist schwierig, denn du darfst ja nicht verraten, was du damit vorhast.

Für diesen Zauber brauchst du sonst noch:

zwei rote Kerzen
eine Kerze in der Sternzeichenfarbe des Menschen
drei rote Rosenblätter
zwei Messerspitzen Rosmarin (oder vier Tropfen
Rosmarinöl für den Duftstein)
einen Teelöffel roter Pfefferkörner
ein weißes Blatt Papier
um den Zauber zu verstärken, kannst du einen
Rosenquarz verwenden

Und so funktioniert der Zauber:

Zuerst schreibst du deinen Namen auf das Blatt Papier, dann drehst du es so weit, dass dein Name auf dem Kopf steht. Jetzt schreibst du den Namen des anderen Menschen direkt unter deinen und ziehst einen Kreis um eure beiden Namen. Du legst das Blatt nun auf den Altar und entzündest die Kerzen. Wichtig ist, dass du die Sternzeichenkerze zuletzt entzündest.
Dann gibst du eine Messerspitze Rosmarin und die Pfefferkörner in die Räucherschale (alternativ gibst du zwei Tropfen Rosmarinöl auf den Duftstein). Während die Kräuter räuchern, legst du das erste Rosenblatt in den Kreis mit euren beiden Namen und sprichst leise die Formel:

> „Suchst du mich, dann steh ich hier, liebst du mich, gehör ich dir"

Danach legst du das zweite Rosenblatt in den Kreis und wiederholst die Formel. Jetzt streust du den restlichen Rosmarin auf die Rosenblätter im Kreis (alternativ gibst du zwei Tropfen Rosmarinöl auf den Duftstein). Anschließend legst du das letzte Rosenblatt in den Kreis, lässt einen Finger im Kreis stehen und sprichst die Formel ein letztes Mal.
Jetzt löschst du zuerst die Sternzeichenkerze und danach die anderen.
Wenn alle Kerzen erloschen sind, beginnt dein Zauber zu wirken.

Der Freundschafts-
zauber

Freundschaftszauber sind etwas sehr Nützliches und sie können dir in vielen Situationen helfen. Wenn du in eine neue Schule oder Klasse kommst oder vielleicht gerade in eine fremde Stadt umgezogen bist, wenn es in deiner Clique Ärger gegeben hat oder deine Geschwister dauernd mit dir streiten – mit dem Freundschaftszauber bist du in allen diesen Fällen gut beraten.

DER EINFACHE FREUNDSCHAFTSZAUBER
Mit dem einfachen Freundschaftszauber kannst du fast alle kleineren Streitereien beilegen und findest schnell neue Freunde in einer fremden Umgebung.

Für diesen Zauber brauchst du:
> zwei orange Kerzen
> eine Messerspitze Rosmarin (oder zwei
> Tropfen Rosmarinöl für den Duftstein)
> ein weißes Blatt Papier
> einen Teelöffel schwarze Pfefferkörner

Und so funktioniert der Zauber:

Zuerst entzündest du die beiden Kerzen. Dann schreibst du in einem möglichst einfachen Satz auf das Blatt Papier, was der Zauber bewirken soll. Also etwa: „Manu wird den Streit mit Kerstin sofort beenden."

Merke dir diesen Satz gut, denn du brauchst ihn gleich wieder als Formel. Jetzt entzündest du die Räucherschale mit dem Rosmarin und dem Pfeffer (alternativ gibst du zwei Tropfen Rosmarinöl auf den Duftstein). Danach legst du das Blatt Papier umgekehrt auf den Altar und sprichst den Satz langsam aus. Wenn du die Kerzen und die Räucherschale löschst, tritt dein Zauber in Kraft.

DER SCHWIERIGE FREUNDSCHAFTSZAUBER

Diesen Zauber solltest du nur in besonders verzwickten Situationen einsetzen, also dann, wenn der einfache Zauber vielleicht
nicht genügend Wirkung gezeigt hat. Dieser Freundschaftszauber richtet sich immer nur an einen bestimmten Menschen, also
zum Beispiel an eine Freundin, die du wegen eines Missverständ-
nisses verloren hast, aber zurück haben willst.

Für diesen Zauber brauchst du:

eine weiße, eine gelbe und eine orangefarbene Kerze.
einen Teelöffel Lavendel
(oder fünf Tropfen Lavendelöl für den Duftstein)
eine Messerspitze Zimt
(oder zwei Tropfen Zimtöl für den Duftstein)
ein Foto des Menschen
ein großes weißes Blatt Papier
(es muss das Foto komplett bedecken!)

Und so funktioniert der Zauber:

Du entzündest die Kerzen in dieser Reihenfolge: zuerst die weiße, dann die gelbe und zum Schluss die orangefarbene Kerze. Jetzt schreibst du den Namen des Menschen auf das Blatt und legst es auf den Altar. Nimm nun das Foto und lege es so auf das Blatt, dass es genau auf dem Namen liegt und du dabei seine Rückseite siehst. Jetzt entzündest du die Räucherschale mit dem Lavendel und dem Zimt (alternativ tropfst du das Lavendel- und das Zimtöl auf den Duftstein).

Nun musst du das Blatt mit dem Foto darauf so umdrehen, dass das Blatt oben und das Foto darunter liegt. Dann löschst du die gelbe Kerze und sprichst die Formel:

„Es gibt keinen Platz für Streit"

Lösche nun die orangefarbene Kerze und wiederhole danach die Formel. Jetzt nimmst du das Blatt Papier vom Foto und legst es so auf den Altar, dass du sowohl das Foto als auch den Namen sehen kannst. Dann sprichst du die Formel ein drittes Mal und löschst danach die weiße Kerze.

Wenn du nun auch die Räucherschale löschst, setzt die Wirkung des Zaubers sofort ein.

Der Gute-Laune-zauber

Einen Gute-Laune-Zauber kannst du wirklich ziemlich häufig einsetzen, besonders wenn es vielleicht gerade Streit gegeben hat oder es tagelang regnet und alles einfach so richtig trübe aussieht.

DER EINFACHE GUTE-LAUNE-ZAUBER

Mit dem einfachen Gute-Laune-Zauber wirst du trübe Stimmungen ganz schnell los. Egal ob dich alle Leute einfach nur nerven, du in der Schule Ärger hast oder dir dein Leben irgendwie ziemlich langweilig vorkommt, schon wenige Minuten nach dem Zauber wird es dir besser gehen.

Für diesen Zauber brauchst du:

> eine goldene Kerze
> zwei Messerspitzen Johanniskraut (oder vier Tropfen Johanniskrautöl für den Duftstein)
> ein weißes Blatt Papier
> wenn du den Zauber verstärken willst, brauchst du noch einen Blauquarz

Und so funktioniert der Zauber:

Zuerst schreibst du die Dinge auf das Blatt Papier, die dich im Augenblick am meisten ärgern. Versuche es mit einem Satz zu sagen, je einfacher du es formulierst, desto besser.

Nun entzündest du die goldene Kerze und danach die Räucher-schale mit dem Johanniskraut (alternativ gibst du vier Tropfen Johanniskrautöl auf den Duftstein). Jetzt legst du den rechten Mittelfinger auf das Blatt (wenn du Linkshänder bist, musst du den linken Mittelfinger nehmen) und schließt die Augen.

Denke nun ganz fest an eine große grüne Wiese im Sonnenlicht und stelle dir vor, wie du über diese Wiese läufst. Je besser du dich auf dieses Bild konzentrierst, desto wirkungsvoller wird der Zauber. Nimm nun zuerst den Finger vom Blatt und lösche dann die Kerze und die Räucherschale.

Die Wirkung des Zaubers setzt nach ein paar Minuten ein.

DER SCHWIERIGE GUTE-LAUNE-ZAUBER

Diesen Zauber setzt du dann ein, wenn ein ganz bestimmter Mensch oder Umstand für deine schlechte Laune verantwortlich ist. Das könnte also zum Beispiel ein Freund oder eine Freundin sein, die dir ständig die Laune vermiesen, genauso aber auch die schlechte Stimmung, die in deiner Clique herrscht und dich mit herunterzieht. Für diesen Zauber ist es wichtig, dass du etwas von dem oder den beteiligten Menschen hast, um den Zauber daran zu binden. Das kann ein Foto des Menschen oder der Clique sein, ein Gegenstand (zum Beispiel ein Stift), den dieser Mensch benutzt hat, oder ein Teil der Umgebung, in der die schlechte Laune entsteht. Das könnte etwa ein Zweig von einem Strauch sein, der direkt neben eurem Treffpunkt liegt.

Für diesen Zauber brauchst du sonst noch:

zwei weiße und eine goldene Kerze
einen Teelöffel Kardamom (alternativ vier Tropfen
Kardamomöl für den Duftstein)
ein weißes Blatt Papier
eine Schere
einen Dumortierit oder einen Aventurin

Und so funktioniert der Zauber:
Zuerst zündest du die beiden weißen Kerzen an. Auf das Blatt Papier zeichnest du nun einen Kreis und legst das Foto oder den Gegenstand in die Mitte dieses Kreises. Jetzt entzündest du die goldene Kerze und gibst das Kardamom in die Räucherschale bzw. tropfst das Öl auf den Duftstein. Lege nun die Spitzen beider Zeigefinger auf den Gegenstand im Kreis, schließe dabei die Augen und sprich langsam die Formel:

> „Die schlechten Gedanken haben keine Macht mehr über mich"

Jetzt nimmst du das Blatt mit dem Kreis und zerschneidest es in vier gleich große Teile.
Jedes dieser Teile legst du verkehrt herum in eine Ecke des Altars und sprichst die Formel ein weiteres Mal mit geschlossenen Augen. Lösche nun zuerst die beiden weißen Kerzen und danach die Räucherschale. Nun sprichst du mit geschlossenen Augen die Formel ein drittes Mal und löschst danach die goldene Kerze. Der Zauber beginnt nun zu wirken. Um ihn zu verstärken kannst du ihn nach drei Tagen ein weiteres Mal ausführen. Achte aber darauf, dass du dies genau zur gleichen Tageszeit tust wie beim ersten Mal.

der Befreiungszauber

Einen Befreiungszauber solltest du immer dann ausführen, wenn du ein Problem schon lange mit dir herumschleppst und es einfach nicht loswerden kannst. Vielleicht ist eine Freundschaft zerbrochen oder du hast irgendeinen Fehler begangen, den du nicht wieder gutmachen kannst. Aber auch, wenn du denkst, du wärst vielleicht nicht so attraktiv wie jemand anderes und immer wieder einen Punkt findest, der dir an dir selbst nicht gefällt, ist dieser Zauber sehr wirkungsvoll.

DER EINFACHE BEFREIUNGSZAUBER

Mit dem einfachen Befreiungszauber kannst du besonders gut das „Ich trau mich nicht"- Problem loswerden. Wenn du also zum Beispiel gerne einen bestimmten Jungen ansprechen möchtest, aber schon ewig überlegst, wie du das am besten machst, und dich doch nicht traust, dann schaffst du es mit diesem Zauber.

Für diesen Zauber brauchst du:

> eine lila Kerze
> einen Teelöffel getrocknete Petersilie
> ein Blatt Papier
> ein leeres Glas
> ein Glas Leitungs- oder Mineralwasser

zaubersprüche für alle lebenslagen

Und so funktioniert der Zauber:

Zuerst entzündest du die Kerze. Hast du eine Räucherschale, gibst du jetzt die Petersilie hinein. Auf das Blatt Papier schreibst du nun das Problem, versuche aber auf jeden Fall, das mit einem Satz zu tun. Danach zeichnest du ein Dreieck um diesen Satz. Hast du keine Räucherschale, streust du jetzt etwas Petersilie in jede Ecke des Dreiecks. Lege deinen rechten Zeigefinger (wenn du Linkshänder bist, nimmst du den linken) in das Dreieck, schließe die Augen und sprich die Formel:

"Wenn das Alte geht, macht es Platz für das Neue"

Nun zerknüllst du das Blatt und steckst es in das leere Glas. Danach nimmst du das Glas mit dem Wasser, trinkst es in einem Zug aus und sprichst die Formel ein zweites Mal.
Wenn du nun die Kerze und die Räucherschale löschst, beginnt das Problem aus deinen Gedanken zu verschwinden.

DER SCHWIERIGE BEFREIUNGSZAUBER

Diesen Zauber setzt du ein, wenn du vor einem bestimmten Menschen Angst hast und diese Angst verhindert, dass du locker mit dem Menschen umgehen kannst. Das kann zum Beispiel ein Lehrer sein, aber auch jemand aus deiner Clique. Die Angst vor diesem Menschen ist vielleicht ganz unbegründet, jedenfalls wirst du sie nicht los und sie quält dich immer mehr. Für diesen Zauber ist es sehr wichtig, dass du ein Foto des Menschen hast oder einen Gegenstand, den dieser Mensch benutzt hat.

Und das brauchst du sonst noch für diesen Zauber:

jeweils eine grüne, eine blaue und eine lila Kerze
vier Tropfen Patchouliöl
einen Teelöffel getrocknete Petersilie
eine Messerspitze Piment
eine Handvoll sauberen feinen Sand (zum Beispiel
aus dem Sandkasten eines Spielplatzes)
ein weißes Blatt Papier
eine Schere

Und so funktioniert der Zauber:

Zuerst entzündest du die grüne Kerze. Nun zeichnest du vier gleich große Kreise auf das Blatt und entzündest danach die blaue Kerze. In jeden der Kreise schreibst du den Satz:

„Die Angst ist vorbei, vergraben und vergessen"

Nun gibst du die Petersilie und das Piment in die Räucherschale. Jetzt musst du das Blatt in vier Teile zerschneiden, wobei auf jedem Teil ein Kreis sein muss. Lege dann den Gegenstand des Menschen auf eines der vier Teile und entzünde die lila Kerze. Nun nimmst du den Sand und verteilst ihn gleichmäßig auf alle vier Blätter. Lege beide Zeigefinger auf zwei der Sandhäufchen, schließe die Augen und sprich erneut die Formel.
Jetzt löschst du zuerst die grüne Kerze und wiederholst danach nochmals die Formel. Als Nächstes gibst du je einen Tropfen des Patchouliöls auf jeweils eines der Sandhäufchen.
Nun musst du die blaue und die lila Kerze direkt hintereinander löschen und die Formel ein letztes Mal aussprechen.
Hast du auch die Räucherschale gelöscht, beginnt der Befreiungszauber zu wirken.

Der Motivationszauber

Wenn du einfach keine Lust hast, irgendetwas Bestimmtes zu erledigen, und dich einfach nur schlapp und gelangweilt fühlst, ist ein Motivationszauber eine tolle Sache. Er weckt deine Lebensgeister, bringt dich auf neue Gedanken und plötzlich siehst du das Leben wieder mit ganz anderen Augen. Der Motivationszauber ist übrigens eine von wenigen Ausnahmen unter den Zaubern, denn von ihm gibt es nur eine Version und die ist sehr leicht. Allerdings hält dieser Zauber auch nicht besonders lange an, du solltest ihn also am besten täglich wiederholen.

Für diesen Zauber brauchst du:

> jeweils zwei gelbe und zwei blaue Kerzen
> drei zerstoßene Wacholderbeeren (oder sechs Tropfen Wacholderöl für den Duftstein)
> eine frische halbe Zwiebel
> ein weißes Blatt Papier

Und so funktioniert der Zauber:

Zuerst entzündest du die gelben Kerzen. Danach gibst du die Wacholderbeeren in die Räucherschale bzw. tropfst das Wacholderöl auf den Duftstein. Nun zeichnest du drei einfache Symbole nebeneinander auf das Blatt. Eine Sonne, einen Mond und das Zeichen X. Jetzt musst du die beiden blauen Kerzen anzünden und die Zwiebelhälfte mit der Schnittfläche nach unten auf das Sonnensymbol auf dem Blatt legen. Halte die Zwiebel dabei mit zwei Fingern fest, schließe die Augen und stelle dir mit aller Konzentration das Bild der Sonne vor, das du vorher gezeichnet hast.

Nun öffnest du die Augen wieder, setzt die Zwiebelhälfte auf das Zeichen des Mondes und konzentrierst dich wieder. Dasselbe tust du nun auch mit dem letzten Symbol.

Lösche nun zuerst die gelben Kerzen, danach die Räucherschale und zum Schluss die blauen Kerzen und der Zauber beginnt zu wirken.

Der Realitätszauber

Ein sehr wichtiger, wenn auch ein wenig verzwickter Zauber ist der Realitätszauber. Er ist eine Art Notbremse, wenn du merkst, dass du nur noch in einer Traumwelt lebst und mehr und mehr vor der Realität flüchtest. Vielleicht bist du ja unsterblich in einen Jungen verliebt, der aber eine Freundin hat. Und jetzt träumst du tagelang vor dich hin und hoffst, dass es doch noch etwas wird mit euch beiden. Das ist genau der Zeitpunkt, an dem du dringend einen Realitätszauber brauchst, um wieder klar zu sehen. Dieser Zauber hilft dir aber nicht nur aus der Traumwelt heraus, er öffnet dir auch die Augen für die Schönheit des Lebens. Für diesen Zauber brauchst du allerdings unbedingt einen Teil von diesem Menschen, wie zum Beispiel ein Haar. Kommst du nicht an ein solches Teil heran, kannst du den Zauber im Notfall auch mit einem Gegenstand durchführen, den dieser Mensch berührt hat. Das kann ein Stift sein, ein Radiergummi oder der Schnipsel einer Zeitung, die er gelesen hat.

Und das brauchst du sonst noch für diesen Zauber:

> drei braune und eine weiße Kerze
> eine Messerspitze Myrrhe
> (oder Myrrheöl für den Duftstein)
> eine Messerspitze Zimt (oder Zimtöl für den Duftstein)
> ein weißes Blatt Papier
> einen dicken schwarzen Filzstift
> einen Lapislazuli (den musst du nicht unbedingt
> haben, er verstärkt den Zauber aber sehr)

Und so funktioniert der Zauber:
Zuerst entzündest du die weiße Kerze. Dann gibst du die Myrrhe und den Zimt in die Räucherschale (oder beide Öle auf den Duftstein). Auf das Blatt Papier zeichnest du jetzt einen Kreis und ein Quadrat direkt nebeneinander. In den Kreis schreibst du nun den Namen des Menschen und entzündest die erste braune Kerze. Jetzt legst du den Gegenstand in das Quadrat und zündest danach die zweite braune Kerze an. Nun sieh dir den Namen sehr genau an und versuche dir vorzustellen, dass er beginnt zu verbleichen und langsam unsichtbar wird. Entzünde nun die dritte braune Kerze, nimm den schwarzen Filzstift und male einen dicken Balken darüber, so dass du ihn nicht mehr lesen kannst.
Jetzt löschst du erst die weiße Kerze, dann die Räucherschale und zum Schluss die drei braunen Kerzen. Ab jetzt beginnt der Realitäts-Zauber zu wirken.
Übrigens kannst du diesen Zauber eine Woche lang jeden zweiten Tag wiederholen, um ihn wirksamer zu machen.

wenn
HEXEN hexen

Du bist nun am Ende dieses Buches angelangt und hast alle wichtigen Kräuter, Gewürze, Steine und Rezepte kennen gelernt, und weißt jetzt auch, wie du sie einzusetzen hast.

Schon deine ersten Zauber werden sicher sehr wirkungsvoll sein. Aber denke immer daran, dass auch eine Hexe Übung braucht, um wirklich erfolgreich hexen zu können! Wenn ein Zauber einmal nicht so klappt, wie du es erwartest, dann sei nicht enttäuscht, sondern probiere ihn am nächsten Tag wieder aus. Die Kunst, eine wirklich gute Hexe zu sein, erfordert eben auch eine Portion Geduld und Durchhaltewillen!

Vergiss nie: Du darfst dich nicht zum Zaubern zwingen, denn die Voraussetzung für einen Zauber sind schließlich die richtigen und guten Gedanken!

So, jetzt entlasse ich dich in die Hexenwelt, und mir bleibt nur noch, dir alles nur erdenkliche Glück zu wünschen!

Deine Maria May

KARIN SCHRAMM

Zauberhafte Hexensprüche

Liebe, Glück und Freundschaft

112 Seiten | ISBN 3-8025-2733-X
vgs verlagsgesellschaft, Köln

Liebeskummer? Stress mit Freunden, Eltern oder Lehrern? Alles geht schief, und man kann nichts dagegen machen! Oder etwa doch? Nun, wer daran glaubt, kann es mit Magie und Zauber versuchen. Dieses Buch enthält praktische Tipps, wie man mit kleinen „Hexereien" seinem Glück auf die Sprünge helfen kann, sei es in der Liebe, in Schule und Beruf oder in Bezug auf Gesundheit und Wohlbefinden.

MARIA MAY

Powerbeads
Die Macht der Steine

Nutze die mystische Kraft der Steine!

64 Seiten, zahlr. farb. Abb. | ISBN 3-8025-2759-3
vgs verlagsgesellschaft, Köln

Alte Heilkraft, neuer Trend. Madonna, Richard Gere, Naomi Campbell und Stefan Raab tragen die schicken Powerbead-Armbänder nicht nur, weil sie ultra-trendy sind. Von alters her werden den Steinen Kräfte zugeschrieben, durch die sie Einfluss auf Körper, Seele und unser Handeln nehmen. In diesem Buch erfährst du, wie Powerbeads wirken, warum z.B. dein Sternzeichen bei der Auswahl der Steine wichtig ist und wie du das zu dir passende Powerbead findest.